추 천 사

김양현 목사님을 보면 '도대체 이 사람은 이 많은 걸 어떻게 소화하고, 또 어떻게 끄집어내는 걸까?'라는 의문이 든다. 더 놀라운 건 그걸 삶으로 살아낸다는 것이다. 그러니까 진짜다. 그런 목사님이 방송에서 책을 소개한다. 저자의 삶까지 접근해서 책을 다방면으로 쉽게 이해하도록 돕는다. 독서에 재미를 붙이고픈 사람에게나 한꺼번에 많은 책을 알고 싶은 사람에게 참 좋을 것 같다.

_ 강신욱목사, 낮은울타리 대표, 〈대화로 푸는 성경〉의 저자

드디어 저자의 두 번째 책이 나왔다. 진심 기다렸다. 영화에 이어 책도! 아는 사람은 다 아는 사실인데, 사실 저자의 인문학적 소양은 책에 더 특화되어 있다. 저자와 잠시라도 대화해 본 사람이라면, 금방이라도 알 수 있을 것이다. 온갖 분야의 책들에 대한 정보와 내용이 그의 머리와 가슴을 통해 흘러나온다. 그런데 그 모든 것이 이 책에 잘 담겨 있다. 신앙과 인문학, 철학과 역사 의식에 이르기까지 비평적 의식을 가지고 올바르게 평가하고 전달한다. 그냥 수박 겉핥기처럼 넘어가지 않는다. 모든 책을 꼼꼼히 읽고, 잘 전달한다. 그러면서도 쉽다. 저자와 대화하듯 이 책을 읽고 나면 소개한 24권의 책에 대한 간략한 지도가 그려진다. 그 책들도 읽어 보고 싶어 진다.

_ 강화구 목사, 제일영도교회 담임, 〈아브라함 내러티브 설교〉의 저자

수십 권의 책을 집필하고, 수백 명의 글쓰기를 지도하며, 수십 명의 저자를 길러낸 사람으로서 단언한다. 그중 한 사람인 김양현 목사는 탁월한 글쓰기 역량을 지녔으며, 그 통찰과 문장의 감각은 이 책 전반에 잘 드러나 있다. 나의 책 또한 깊이 있게 이해하고 탁월하게 해석해낸 그를 보며, 앞으로 주목해야 할 저자가 될 것이라고 확신한다.

_ 김기현교수, 한국침례신학대학교 종교철학 및 윤리, 〈말씀이 육신이 되어 우리 가운데 거하시매〉의 저자

작가는 숨겨진 보석 같은 사람이다. 그는 내가 만난 사람 중에 가장 멋진 사람인데, 그가 아름다운 자연을 배경으로 커피를 마시며 책을 읽고 있는 모습에는 흉내낼 수도 없는 멋이 흐른다. 책과 자연과 사람을 사랑하는 작가는 우정어린 눈으로 독자들에게 소개할 책을 고르고, 마치 보석 같은 책들과 책 속의 문장들이 반드시 발견되기를 바라는 마음으로 이 책을 썼다. 이 책을 읽고 한국교회의 성도들이 책을 읽고, 책을 사랑하고, 사람과 자연을 사랑하는 법을 배워 작가처럼 멋진 사람들이 되기를 소망한다.

_ 김유복 목사, 기쁨의 교회 담임, 〈그래서 나는, 행복하게 살기로 했다〉의 저자

하나님의 귀한 동역자 김양현 목사님은 하나님께 받은 은사가 참 많은 분입니다. 기독인문연구소 詩時堂(시시당) 운영은 그중 하나입니다. 보통 사역과 인문사회과학 분야는 병행하기 힘들다고 하는데 목사님은 드물게도 모든 분야에 깨어 있는 열린 마음의 소유자이십니다. 엄청난 인문학 소양 및 영화에도 조예가 깊으십니다. 제주극동방송의 책소목(책을 소개하는 목사)을 담당하시는데 매번 철저한 준비성에 놀라고 따뜻한 시선으로 책을 다각도로 분석하셔서 존경심이 더해졌습니다. 그래서 제 책 '사도바울의 마지막, 특별한 열흘'도 꼭 목사님을 통해 소개하고 싶었습니다. 하나님께 간절히 기도드렸습니다. 작년 6월의 일이네요.우리 좋으신 하나님께서 제게 은혜를 베푸셨어요. 감사하게도 책소목을 통해 2주에 걸친 풍성한 방송이 되었습니다. 일부 소설을 소설로 인지 못하시는(그리스로마신화 삽입 등) 보수적인 분들 때문에 생각지도 않은 곤혹을 치루고 있을 때라서 마치 천군만마를 얻은 느낌이었어요. 목사님은 첫마디에 '성경역사소설'이라고 간결명료하게 천명해 주셨어요. 제 책 소개도 어쩌면 하나님의 섭리가 아닐까 하는 충만함이 저를 감싼 행복한 시간이었어요. 다시 한번 김양현 목사님의 책 출간 진심으로 축하드리고 축복을 보냅니다. 제주극동방송의 책소목과 두 분 피디님께도 깊은 감사를 전합니다. 이 모든 게 다 하나님의 은혜입니다. 감사합니다.

_ 배성혜 작가, 〈사도 바울의 특별한 열흘〉의 저자

성경은 책이고, 기독교는 책의 종교다. 바른 신앙인이 되기 위해서는 성경책을 잘 읽어야 한다. 그런데 어떻게 읽어야 잘 읽는 것일까? 무턱대고 많이 읽는다고 세상 속의 빛과소금으로 잘 살 수 있을까? 이런저런 고민이 되는 분들에게 딱 좋은 책이 나왔다. 바로 〈책으로 보는 세상〉이다. 세상을 바르게 보는 안목을 제시해주는 책이다. 이 책에 소개된 다양한 책으로 세상을 읽는 힘을 기르고, 그 힘으로 성경을 읽는다면 흐릿한 눈으로 보던 것에서 도수 맞춘 안경을 쓴 것처럼 또렷이 보는 기쁨 가득할 것이다.

_ 류기인 판사, 창원지방법원, 〈네 곁에 있어 줄게〉의 저자

『영화로 보는 세상』에서 깊이있는 시선을 보여주었던 저자가, 이번에는 '책'을 통해 기독 시민의 정신을 조명합니다. 주님께서 아모스에게 "네가 무엇을 보느냐?"(암 7:8) 라고 물으셨듯, 누군가 제게 묻는다면 이렇게 답하겠습니다.

"저는 이 책을 봅니다."

_ 온상원, 평신도 성경읽기 기획자, 〈읽다, 살다〉 기획자

책임감 있게 매주 한 권의 책을 성실하게 소개해 오셨습니다.
소문만 듣고 잔한 내용이 아니라 직접 읽고 확인한 책들이었습니다.
목차만 대충 보기보다는 세심하게 한 줄 한 줄 읽고 느껴왔을 것입니다.
김치찌개와 같은 일상의 소박한 글에서부터 스테이크와 같은
고급진 글귀의 책들이 다양하게 소개되었습니다.
양질의 책과 저자들을 만날 수 있도록 꾸준히 섬겨주심에 감사드립니다.
현재를 공감하며 미래를 꿈꿀 수 있는 행복한 동행에 다시한 번 감사드립니다.

_ 임윤택 목사, 둥지 대표, 〈다시 아빠 해 주세요〉의 저자

다양한 책을 읽어오면서 나름 독서 스펙트럼이 넓다고 은근한 자부심으로 살아왔다. 그래서 그 스펙트럼을 더 넓히기 위해 '책소목' 코너를 기획했고 김양현 목사님을 하나님의 은혜로 게스트로 모시게 되었다. 목사님은 내가 아는 최고의 뇌섹남이다. 목사님의 지식과 지혜 앞에 한 없이 작아지고 그래서 도전받아 더 책을 읽게 되었다. 목사님께서 다 차려주신 밥상에 방송진행 이라는 숟가락 들고 매주 맛나게 책을 여전히 먹고 있다.

이제 이 책에 펼쳐진 풍성한 지식을 여러분이 숟가락을 들고 드실 시간이다. 맛은

확실하게 보장한다!

_ 채평기, 제주극동방송 지사장

다산 정약용의 당호는 여유당입니다. 저는 김양현 목사님의 호를 시시당이라고 부르고 싶습니다. 김목사님은 시대를 문학으로 고찰하는 목사님이십니다. 책 소개하는 목사(책소목) 뿐 아니라 영화를 소개하는 목사(영소목)님으로도 잘 알려져 있습니다. 왕성한 독서력 만큼이나 탁월한 저술가이신 목사님께서 극동방송에 2년이상 연재된 책소목에 소개된 책들을 저술하게 되어서 무척 기쁩니다. 이 책은 책보다 책을 더 빛나게 하는 책입니다.

_ 한창수 목사, 엠마오 교회 담임, 303 비전성경암송학교장, 〈롬팔이팔〉의 저자

초기 그리스도인들은 책을 사랑했다. '성경'이란 책이 그들을 형성했다. 한때 한국 교회 그리스도인들도 책을 사랑했다. 성경도, 책도, 즐겨 읽었다. 하지만 언젠가부터 그리스도인들은 책을 읽지 않는다. 책 없이도 신앙생활을 영유한다. 반면 누군가는 끈질기게 책을 소개한다. 책을 읽어야 되지 않겠냐고 설득한다. 책을 읽어야 바른 신앙을 가질 수 있다고 외친다. 몇 안되는 누군가 중의 한 명, 그가 바로 김양현 목사님이다.

_ 홍동우 목사, 〈교회답지 않아 싸우는 우리〉의 저자

폭우가 내리는 날도, 폭설이 내리는 날도 남편은 늘 방송국으로 향했습니다. 청취자와의 약속을 지켜야 한다는 것이었습니다. 그렇게 매주 책을 읽고 원고를 쓰고 방

송을 하던 남편은 성실 그 자체로 기억됩니다. 저는 책소목의 애청자였습니다. 남편이 하는 방송이어서가 아니라 제 영혼의 필요를 위해서였습니다. 청취자에서 독자로 만날 생각을 하니 참 좋습니다. 제가 그랬듯 여러분에게도 지적 자극과 따뜻함이 되는 책이 될 줄 믿습니다.

_ 이은경, 한우리 독서 지도사, 저자의 아내

달은 그 자리에 계속 있었습니다. 태양빛이 맞닿았을 때 그 빛을 지구로 전달해 우리의 밤하늘을 환히 비춰주었습니다. 저에게 아빠의 존재가 항상 그 궤도에 존재하는 달 같듯이, 아빠의 책 또한 이 책을 잡은 손의 주인들에게 그런 존재가 되기를 바랍니다. 울퉁불퉁 거친 세상에 지쳐있을때 고개를 들어 환한 달빛의 온기를 눈에 담듯이, 이 책의 문장들이 세상을 바라보는 눈과 힘이 될 것이라 믿습니다.

☆충격 쇼츠보다 재밌고 유익하고 쉬운 책 실존☆

_ 김하울, 과학 커뮤니케이터를 꿈꾸는 고등학생, 저자의 딸.

책으로 보는 세상

책으로 보는 세상

초판 1쇄 발행 2026년 1월 15일

지은이 | 김양현
펴낸이 | 김한수
출판국장 | 박민선

펴낸곳 | 한국NCD미디어
등 록 | 과천 제2016-000009호
주 소 | 경기도 과천시 문원청계2길50 로고스센터 206호
전 화 | 02-3012-0520
이메일 | ncdkorea@hanmail.net
홈주소 | www.ncdkorea.net

ISBN 979-11-91609-55-4 03920

값 20,000원

책으로 보는 세상

지은이
김양현

한국NCD미디어

시작하면서 …

“한 권의 책은 우리 안의 얼어붙은 바다를 깨는 도끼여야 해. 나는 그렇다고 생각해.” 1904년 프란츠 카프카는 친구 오스카 폴락에게 쓴 편지에서 이렇게 말했습니다. 책을 읽는 이유는 우리 안에 얼어붙은 바다, 얼어붙은 사유, 얼어붙은 정신을 깨는 것이어야 한다고 강조했습니다.

사람들은 책 대신 각종 미디어를 즐겨봅니다. 심지어 책도 미디어 형식을 취해서 들려주는 것을 선호합니다. 그러다 보니 점점 사유의 힘이 약해지는 것 같습니다. 스스로 생각하고 고민하는 것이 아니라 즉각적인 반응을 선호하는 것 같습니다. 이런 상황에서 마크 놀이 일찍이 지적한 ‘지성의 스캔들’ 현상이 발생합니다. 즉 우리의 신앙도 지적인 것을 놓친 채, 감각적이고 즉각적인 감정의 반응에 함몰되어 갑니다.

나는 어릴 때부터 책을 좋아했습니다. 초등학교 때 어머니가 사 주신 세계문학 전집, 위인전집을 끼고 살았습니다. 고등학교 때도 쉬는 시간에 늘 고전을 읽곤 했습니다. 대학 입시를 끝내고 그 겨울 저는 조정래의 장편 '태백산맥'을 독파했고, 움베르토 에코의 '장미의 이름'을 읽었습니다. 이런 책은 청년으로의 단계에 들어서는 제게 신선한 충격이었습니다.

신학대학원을 졸업한 뒤 궁금증이 생겼습니다. 가끔 목사님들께서 강단에서 인용하는 소설을 들을 기회가 있었는데, '저 소설을 정말 읽었을까?' 하는 의문이 생겼습니다. 특히 도스토옙스키의 '죄와 벌'을 자주 인용하셨는데 어떤 내용일까 궁금했습니다. 그래서 도스토옙스키를 읽기 시작했습니다. '죄와 벌', '까라마조프씨네 형제들'을 읽었고, 이후 톨스토이의 '전쟁과 평화', '부활' 등을 읽어 나갔습니다. 셰익스피어의 비극들을 접했고, 단테의 '신곡', 보카치오의 '데카메론' 등을 읽었습니다. 급기야 고대 그리스의 고전들, '오디세이아', '일리아스' 등을 접했고, '오이디푸스', '안티고네' 등을 읽었습니다. 헤로도토스의 '히스토리아', 투키디데스의 '펠로폰네소스 전쟁사', 크세노폰의 '페르시아 원정기' 등을 읽어 나갔습니다. 이런 고전은 성경에 대한 이해를 한층 넓혀주었습니다. 신약 성경이 쓰이던 시대의 역사와 스토리를 이해함으로 신약 성경의 깊이를 더욱 느낄 수 있었습니다.

책을 좋아하다 보니 자연스레 사람들과 같이 북클럽을 하게 되었고, 결국 제주 극동방송에서 책을 소개하는 코너인 [책소목](책을 소개하는 목사)을 진행하게 되었습니다. [책소목]의 시작 멘트처럼 '크리스천 지성을 깨우는 시간'을 가지려 힘썼습니다. 신자들이 책을 읽고 사유의 넓이와 깊이가 커지기를 소망했습니다. 2023년 4월에 시작하여 현재까지 열심히 책을 읽고, 읽은 책을 청취자와 함께 나누고 있습니다.

매주 책 한 권을 읽고 핵심을 요약하여 소개하는 일이 쉬운 일은 아니었습니다. 하지만 청취자와의 약속을 지키려는 노력으로 꾸준히 그 일을 해 왔습니다. 첫 시즌에는 '기독교 신앙'에 관련된 책을 소개했고, 둘째 시즌에는 '기독교 소설'을 소개했습니다. 그 중 핵심인 도스토옙스키, 톨스토이 그리고 엔도 슈사쿠의 책을 소개했습니다. 시즌 3에서는 제가 살고 있는 제주도와 관련된 책을 소개했습니다. '난주', '추사', '순이삼촌', '하쿠다 사진관' 등을 통해 제주의 역사와 문화를 소개하려 했습니다.

한 주 한 주 소개하는 일이 쌓여 금번에 원고들을 정리하고 엮어서 책으로 출간하게 되었습니다. 지난 2년여의 제 고민이기도 하고, 청취자들과 함께한 사연이기도 합니다. 아울러 이것이 책이라는 형태로 엮어 이제 독자들을 만나려 합니다. 기존 청취자들에게는 들었던 내용을 글로 확인하는 시간이 될 것이며, 독자들에게는 라디오를 듣는 듯한 시간을 가지게 될 것입니다. 그래서 대화체로 엮었습니다.

아무쪼록 이 책이 독자들에게 책에 대한 관심을 가지게 되는 계기가 되기를 소망합니다. 이 책은 안내서와 같습니다. 이 책을 통해 더 관심이 가는 분들은 원 저자의 책을 읽으므로 더욱 풍성한 지식의 보고를 만날 수 있을 것입니다. 카프카의 말처럼 이 책이 여러분의 얼어붙은 마음에 균열을 일으키는 만남이 되기를 간절히 소망합니다.

이 책이 나오게 되기까지 도움과 격려를 아끼지 않으신 한국NCD미디어 김한수 대표님께 감사드리며 편집을 감당해 내신 박민선 국장님께 감사드립니다. 무엇보다 늘 격려해 주고 응원해 주는 아내 이은경에게 사랑을 전하고, 아빠 책을 당당하게 학교 도서관에 넣어달라고 요청하는 딸 김하울에게 사랑을 보냅니다.

2026년 1월

제주도에서 사랑에 빚진 자

김양현

· 목차 ·

2부 : 청소년과 문학

1부

성경과 기독교

비신자와 새신자를 위한

대화로 푸는 성경

강신욱 ‖ 규장 ‖ 2022년

Q : 목사님, 안녕하세요. 오늘 소개해 주실 책은 『비신자와 새신자를 위한 대화로 푸는 성경』이라는 책인데요. 책 제목이 상당히 흥미롭습니다.

A : 책 제목뿐만 아니라 이 책이 나오게 된 배경도 상당히 흥미로운데요. 저자는 부산에서 사역하시는 강신욱 목사님으로 이분의 이력이 일반적이지 않아요. 경기도 중대형 교회의 담임목사로 20여 년을 섬기시다 고향인 부산으로 내려와 개척을 시작하셨어요.

Q : 중대형 교회의 담임목사직을 갑자기 사임하고 개척하신 특별한 이유가 있을까요?

A : 여러 이유 중 가장 큰 이유는 비신자를 만날 시간이나 기회가 없었기 때문이라고 해요. 성도 1,000명이 넘는 교회다 보니 교인들

심방하기도 바쁘셨데요. 그러다 문득 '내가 불신자를 만나서 복음을 전해 본 적이 언제인가?' 하는 생각이 들어 고민 끝에 담임 목사직을 내려놓고 불신자를 만나 복음을 전하기 위해 개척을 시작하신 거죠.

Q : 그래서 책 소제목이 『비신자와 새신자를 위한』이군요.

A : 그렇습니다. 이 책 서두에 보면 성경 없이 시작한 성경 공부라고 되어 있어요. 이 책은 강신욱 목사님께서 우연한 기회에, 부산에 있는 지인 목사님의 청으로 교회에 설교하러 가셨어요. 설교 중 부산에 내려온 사연을 이야기했는데 예배가 끝나고 한 분이 오시더니 친구가 부산에 사는데 그 친구에게 복음을 전하고 싶다. 그러면서 목사님이 한번 만나 주시면 좋겠다고 제안하신 거예요. 그래서 그러겠다고 하고 얼마 후 연락처를 받아 카페에서 만났답니다. 그 친구와 다른 분이 같이 나오셔서 이런저런 이야기를 하다가 그분이 성경을 좀 배우고 싶다고 하셨던 거죠. 그래서 처음에는 일주일에 한 번 카페에서 자연스럽게 성경 공부를 하신 거죠.

Q : 이해가 되네요. 그래서 책 제목이 『대화로 푸는 성경』이군요.

A : 비신자인 이분들은 성경에 대해서도, 예수님에 대해서도 전혀 알지 못했던 거죠. '평소 교회에 대해 궁금한 것이 있으면 물어보세요.'하고 시작한 거죠. 그러다가 '창세기부터 공부해 보실까요?' 해

서 성경 공부가 시작되었죠. 이 책은 창세기 1장에서 22장까지, 천지창조에서 이삭의 사건까지 그렇게 매주 만나서 나눈 대화로 구성되어 있습니다.

Q : 첫 시간을 이 책으로 하신 이유가 있으시군요. 일단 책이 어려우면 읽을 마음이 안 생기거든요. 우선은 쉬워야 읽잖아요.

A : 네, 그런데 쉽기만 하면 또 읽을 이유가 없잖아요. 이 책은 쉬운데 내용도 알찹니다. 그래서 선택했죠. 창세기는 쉬운 내용이잖아요. 교회 좀 다닌다고 하는 사람이면 창세기가 어떤 내용인지 거의 다 알거든요. 1~2장은 천지창조, 3장은 아담과 하와의 타락, 4장은 카인과 아벨, 6~10장은 노아 홍수, 11장은 바벨탑, 12장에서부터 아브라함, 24장부터는 이삭 그리고 에서와 야곱, 37장부터는 요셉 이야기로 되어 있거든요. 책 내용을 좀 살펴보면 만남 2에서 창세기 1장에 대해 이렇게 표현하고 있어요.

하나님의 창조 핵심은 '하나님이 언제 무엇을 어떻게 만드셨냐?'가 아니라 '가장 마지막에 사람을 지으셨다'라는 거예요. 사람이 살 곳을 준비하셨다는 거죠. 성경은 하나님이 사람을 사랑하신다는 이야기를 맨 처음인 창세기 1장부터 합니다. (p21. 15~19줄)

창세기 1장을 하나님의 사랑 이야기로 풀어 주셨어요. 사람이 거주할 공간을 마련하신 것이 천지 창조의 핵심이라는 거죠. 그다음을 읽어 볼게요.

성경은 백과사전이 아니라 하나님과 사람 사이를 연결하기 위한 책입니다. 인생의 모든 문제나 역사, 과학의 답을 찾듯이 보면 핵심을 놓치지요. '사랑한다'라고 적은 편지를 사전처럼 읽으면 아무 소용이 없는 것처럼요. (p21, 21~24줄)

Q : 성경은 백과사전이 아닌, 하나님의 연애편지다. 천지창조에서도 첫째 날 무엇을 만들고, 둘째 날 무엇을 만들고, 이런 것을 따질것이 아니라 하나님이 우리를 사랑하셔서 우리가 거주할 공간을 만드셨다는 것이 핵심이라는 거죠?

A : 맞습니다. 미국의 저명한 구약학자인 존 월튼 교수님도 창세기는 과학 교과서가 아니라 하나님이 세상을 만드시고 창조의 정점에 인간을 만드신 책이라고 하셨어요. 지금부터 3500년 전 모세가 출애굽 후에 하나님께 받은 첫 번째 말씀이 창세기잖아요. 그 당시 사람들이 과학적 지식이 있을 리 만무하잖아요. 우리가 지동설을 인지한 것도 500년밖에 안 되었어요. 창세기는 우리에게 우리가 하나님의 형상이기에 존귀한 자라는 것을 알려주는 책인 거죠. 왜냐하면 당시 이스라엘 백성이 400여 년간 애굽에서 종살이했잖아요. 이집트의 신들과 통치자 바로는 이스라엘 사람을 종으로 대하고 하찮은 존재로 생각했어요. 하나님은 이들을 구원하시고 난 뒤 '너희들은 나의 형상이고, 내가 사랑하는 존재들이야.'라고 알려주셨어요. 그것이 창세기의 핵심이죠.

조금 더 나아가보면 '만남 3 선악과'의 내용이에요

하나님은 남자와 여자를 만들며 둘 사이에도 질서를 만드셨습니다. 여자를 '돕는 배필'

로 정하신 것이죠. 여기엔 이유가 있습니다. 집에서 누가 주도권을 갖고 있습니까? (p 26. 13~15줄) 라고 저자 목사님이 물으셨어요. 사람들이 하는 말 중에 '신혼 초에 주도권을 잡아야 한다. 안 그러면 평생 고생한다.' 그런데 예수님은 주도권을 포기하셨지요. 가장 높으신 분이 가장 낮은 자로 오셨고 또 우리를 섬기셨잖아요. 선악과의 결과는 결국 주도권 싸움이다. 그렇다면 선악과의 결과를 이기는 법은 예수님의 사랑이다. 더 사랑하는 사람이 섬기는 거죠.

Q : 더 사랑하는 사람이 섬긴다. 맞는 말씀입니다.

A : 72쪽에 나오는 내용이 아주 흥미로운 이야기입니다. 하나님께서 선악과를 먹지 말라고 누구에게 이야기했을까? 하는 부분이에요. 창세기 2장 15~18절을 보여 주시면서 저자는 분명히 아담에게 하셨다고 말하고 있죠. 아담이 하와에게 전해 주었을 것이다. 그렇기 때문에 이 책에서 저자 목사님은 남자인 아담이 아마도 아내 하와에게 잘 못 전해주었을 수도 있을 것이라고 하죠. 먹으면 죽는다고 했는데, 아담이 하와에게 '먹으면 죽을지도 몰라.'라고 했을지 모른다고요.

Q : 이 책에서 저자는 아담에게도 상당히 책임이 있다고 하시네요?

A : 하나님은 특정 사람에게 말씀하시고, 그 사람은 다른 사람에게 하나님의 말씀을 전해야 하므로 오늘날 목사들이 말씀을 바로 전

해야 하고, 또 먼저 믿은 우리가 하나님의 말씀을 제대로 이해하고 바르게 전해야 한다고 강조하셨어요.

Q : 저도 이 책을 읽으면서 깨달은 부분이 있어요. 99쪽 라멕에 대한 것이에요. 이제까지 저는 하나님이 가인에게 7배의 벌을 내리셨다면 라멕에게는 77배의 벌을 내린다고 알고 있었는데 그게 아니라 라멕이 스스로 신이 되어서 자기에게 해를 끼치는 사람이 있다면 엄청나게 보복하겠다는 뜻이었어요.

A : 당시에는 동해보복법이 있었어요. 고대 바벨론 제국의 함무라비 법전이죠. 이에는 이, 눈에는 눈으로 갚아야 한다. 그런데 라멕은 자신에게 잘못을 저지르면 보란 듯 되갚아 주겠다고 으름장을 놓은 거죠. 자신이 무소불위의 권력을 휘두르는 자라는 것을 과시한 것이죠.

Q : 노아 홍수 편, 110쪽에서도 감동적이었어요. 방주를 만들 때 하나님이 고페르 나무를 사용하라고 하신 장면이에요. 고페르 나무가 특별한 것이 아니라, 노아가 살던 지역의 흔한 나무, 즉 주변에서 구할 수 있는 나무였어요.

A : 그러면서 목사님은 모세도 언급하셨어요. 하나님이 광야에서 모세를 부르실 때 '네 손에 쥐고 있는 것이 무엇이냐?' 모세가 '지팡이입니다.'라고 했더니 그 지팡이를 들고 바로에게 가라고 하셨죠.

지팡이가 특별한 것이 아니라, 단지 모세의 손에 있던 것이기 때문에 하나님께서 지팡이를 뱀으로 변하게 했어요. 움베르토 에코가 쓴 에세이 중에 『보물찾기』라는 책이 있어요. 소위 성물에 관한 것인데 사람들은 자꾸만 어느 지역에서 이것이 예수님이 십자가형에 처해질 때 사용되었던 못이고 그 나무라고 하면서 대단한 물건인 것처럼 하는데 그게 무슨 의미가 있냐고 묻죠? 물건이 아니라 하나님께서 그 물건을 사용하신 것이 중요한 것이니까요. 하나님은 각자의 재능을 쓰시는 것이지 자신에게 없는 것을 요구하는 분이 아니십니다.

그리고 소돔과 고모라 내용을 아는 것이 중요한 것이 아니라 아브라함처럼 기도하라고 하셨어요. 저자인 목사님도 부산이 살 만한 도시, 살고 싶은 도시가 되고, 젊은이들이 일자리를 구할 수 있는 도시, 다 같이 행복하게 살아가는 도시가 되게 해 달라고 기도하신다고 했어요.

Q : 그렇군요. 성경을 다양한 관점으로 보는 훈련도 필요할 것 같아요.

A : 네 맞습니다. 또 243쪽 '구약의 부활 신앙'의 한 부분입니다. 이삭의 번제 사건 이후가 참 궁금하다고 하셨어요. 비록 성경에는 자세히 기록되어 있지 않지만, 이삭이 집에 돌아와서 어머니 사라에게 과연 이 일을 이야기했을까? 하는 부분, 이삭은 아버지가 자기를 칼로 죽이려 했는데 이후 트라우마 없이 잘 지냈을까? 그러면서

단순히 해피엔딩이라고 하지 말고 비신자의 관점에서 깊이 생각해 보자고 하셨어요.

Q : 오늘 이 시간을 통해 성경을 바라보는 시각이 넓혀지고 관점이 다양해 지도록 노력해야 겠습니다. 좋은 말씀 감사합니다.

"믿음의 행보를 하면서도 여전히 삶의 문제와 씨름하며 천국을 사모하는 것이 기독교인의 '리얼 라이프'입니다."

약속을 따라 걷는 삶

아브라함 내러티브 설교

강화구 ‖ 다함 ‖ 2022년

A : 오늘은 강화구 목사님이 쓰신 『아브라함 내러티브 설교』입니다. 제목이 말하듯 아브라함의 여정에 관한 내용이에요. 아브라함을 믿음의 조상이라고 부르잖아요. 하지만 아브라함 역시 포기하고 싶었을 때가 있었고 실수도 했어요. 하지만 결국 믿음의 길을 완수하였죠. 그래서 이 책을 통해 아브라함의 길을 따라가 보려고 합니다.

Q : 아브라함의 길을 따라가 보자. 좋아요, 목사님. 우선 이 책을 쓰신 저자가 누구인지 소개해 주세요?

A : 강화구 목사님이신데요. 고신대학원을 졸업하고 미국에 있는 칼빈신학교에서 석사를, 시카고에 있는 트리니티 신학교에서 박사 학위를 받으셨어요. 전공은 창세기 내러티브입니다. 지금은 부산에 있는 제일영도교회의 담임목사이면서 고신대학교 신학과에서 구약

을 가르치고 있습니다.

Q : 고신대학원 졸업하셨으면 목사님과도 아는 분이시겠네요?

A: 네, 제 친구예요. 신학대학, 신학대학원을 같이 다녔어요. 이 친구는 구약에 관심이 많아서 구약학회장을 했어요. 특히 히브리어 공부를 열심히 해서 제가 도움을 많이 받았죠. 시험 기간이 되면 삼겹살 사 주고 노트 정리한 것 빌려 공부해서 구약 과목을 통과할 수 있었어요.

Q : 목사님도 책 좋아하고, 공부도 열심히 하셨을 것 같은데 또 그런 비밀이 있었군요. 그런데 이 책은 아브라함에 관한 내용인데 제목이 아브라함 내러티브라고 했어요. 내러티브가 무슨 뜻인가요?

A : 내러티브를 우리말로 설명하기가 쉽지 않은데요. 이야기 구조, 혹 서사 구조라고 말할 수 있을 것 같아요. 아브라함의 이야기를 적고 있는데 단지 아브라함이 이렇게 저렇게 살았다. 이런 것이 아니라, 아브라함을 통해 일하시는 하나님의 이야기를 발견해 가는 것이죠. 표면적으로는 아브라함 이야기에요. 하지만 자세히 살펴보면 하나님이 아브라함을 통해 이뤄가는 약속의 이야기이죠. 그 의미를 찾아보는 것이 아브라함 내러티브라 할 수 있죠.

Q : 요약하면 아브라함이라는 사람만 보지 말고, 아브라함을 통해 혹은

아브라함의 삶에 함께하시는 하나님을 보라는 말이죠?

A : 맞습니다. 김기현 목사님의 책 『말씀이 육신이 되어』에서 잠시 소개했던 것 같은데요. 유명한 파스칼의 고백이었죠. "하나님은 철학자들의 하나님이 아니라, 아브라함과 이삭과 야곱의 하나님이시다." 하나님은 논리도 아니고, 이론도 아니다. 아브라함의 삶을 통해 일하시고 아브라함이라는 사람을 통해 드러내시는 분이시라는 거예요. 하나님은 우리를 통해, 우리 가운데 계시는, 그러면서 우리와 함께 놀라운 일을 이뤄가는 분이신 거죠.

Q : 목사님께서 그때 하신 말씀이 생각나요. "불신자들이 읽을 수 있는 성경은 그들 주변의 그리스도인들이다." 그런 뜻과 같은 맥락이죠? 책 내용으로 다시 들어가 보면 이 책이 신학 이론서가 아니라 교회에서 설교하신 것이죠?

A : 맞습니다. 설교를 정리해서 내신 책이에요. 그래서 어렵지 않아요. 그러나 아브라함에 대한 놀라운 통찰력을 배울 수 있어요. 우리가 평소에 성경을 읽다가 궁금한 것들이 있는데 그런 부분에 대해서도 친절하게 설명해 주고 있어요.

히브리서에서 '갈 바를 알지 못하고 갔다'라는 표현이 창세기 11장 31절의 말씀과 대치되는 것처럼 보입니다. 하지만 갈 바를 알지 못하고 갔다는 표현은 어디로 가는지 정말 모르고 갔다는 뜻이 아닙니다. 하나님께서 가나안 땅으로 가라고 하셨지만, 그 길에 어떤 일이 닥칠지, 무엇을 해야 하는 지, 무슨 의미인지 정확히 모르고 갔다는 뜻입니다. (p27. 14~19줄)

Q : '어디로 가야 할지 전혀 몰랐다'가 아니라 그 길에 무슨 일이 닥칠지 몰랐으나 떠났다는 말이군요.

A : 그렇습니다. 당시에는 길을 가다 도적 떼를 만날 수 있고, 생각지도 못한 일을 겪을 수 있었으니까요. 그런 위험을 예상했으나 하나님께서 도와주실 것을 믿고 갔다는 뜻입니다. 우리가 이 본문을 잘 못 해석하면 나는 아무것도 안 하고, 하나님이 다 알아서 해 줄 것이라고 할 수 있어요. 그런 뜻이 아니라 내가 할 일은 최선을 다하고 그 위에 믿음으로 걸어가는 거죠. 이건 큰 차이예요.

Q : 학생들이 시험이 다가오면 공부할 생각은 안 하고 '하나님 알아서 해 주세요. 답이 보이게 해 주세요'라고 기도하는 것과 비슷하겠네요?

A : 그러게요. '약속과 현실 사이에서'라는 단락이 있어요.

우리 또한 약속과 현실 사이에 큰 간격을 만나게 될 겁니다. 하나님이 정말 뜬구름 잡는 말씀을 하시는 것이 아닌가 싶을 때도 있습니다. '해변의 모래? 단 한 명도 없는데요? 네가 밟는 땅을 주리라. 한 평의 땅도 없는데요? 약속과 현실 사이에서, 현실이 아니라 하나님의 약속을 붙드는 자가 믿음의 여행을 끝까지 승리하며 마무리할 수 있습니다. 아브라함이 이 약속을 받고 약속이 이루어지기까지 25년이 걸렸어요. 따지고 보면 우리의 시간이 아니라 하나님의 시간에 이루어지는 것이죠. 현실은 아무것도 없지만 하나님의 약속 시간을 믿고 달려가는 것이 진짜 믿음인 거죠. (p31. 13~17줄)

Q : 목사님, 그래서 믿음의 삶은 힘든 것 같아요. 우리는 당장 눈에 보이

는 것, 당장 무엇인가 이뤄지는 것을 바라거든요. 그런데 약속은 천천히 이뤄지니까 그때까지 기다리며 인내하는 것이 쉽지 않아요. 중간에 포기하기도 하고요.

A : 그래서 믿음의 다른 말은 '인내', '기다림'이라고 하는 것 같아요. 히브리서와 야고보서에서 강조하는 것이 '믿음을 온전히 이루라, 오래 참음으로 믿음을 완성하라'는 것이죠. 저는 이것을 조금은 알 것 같아요. 저는 결혼을 늦게 했어요. 솔로로 오랫동안 있으면서 그 불면의 밤을 인내하면서 기다렸거든요. 하나님의 때를 기다렸어요. 친구들보다 7~8년 정도 늦었지만 지금 생각해 보면 하나님이 내게 딱 맞는 사람을 준비해 주셨어요. 하나님을 믿기 때문에 현실의 벽 앞에서 좌절하지 않고 흔들리지 않는 거죠.

Q : 목사님은 그런 믿음이 있으니 당당하게 사시는 것 같아요. 절망하거나, 힘들어하거나, 우울해하는 것이 아니라 목사님을 보면 희망을 품고 계시고 늘 웃으면서 사는 분 같거든요. 그게 결국 믿음의 비결이었던 것 같아요.

A : 아브라함의 소명을 이야기하면서 일차적으로 할 일은 '떠남'이라고 했어요, 아브라함도 자신에게 익숙했던 땅, 자신이 평생 일궜던 땅 갈대아 우르를 떠나야 했다고 했어요.

알고 떠나는 것이 아닙니다. 믿음의 길은 보여주셔야 가는 것이 아니라 보여주실 것을 소망하며 가는 길입니다. 하나님께서는 '본토와 친척과 아버지의 집을 떠나 내가 네게 보여줄 땅으로'라고 말씀합니다. 이미 보여준 땅이 아니라 보여줄 땅으로 가라고 말씀하십니다. 어디로 가서 누구를 만나고 어떤 일을 겪을지 모르십니까? 괜찮습니다. 우리에게 필요한 것은 미리 보는 것이 아니라 하나님을 신뢰하는 일입니다. 하나님을 믿고 가는 일입니다. 그것이 믿음의 여정의 출발입니다. (p44. 19~23줄)

Q : 보여 주는 땅이 아니라 보여 줄 땅으로 가라는 말씀이 마음에 들어옵니다.

A : 이 책에 아브라함과 조카 롯의 선택에 관한 내용이 나와요. 조카 롯은 눈에 보이는 것을 선택했어요. 세상의 풍요, 요단 계곡의 물, 농사 짓기에 좋은 땅, 돈을 더 벌고 재산을 더 늘일 수 있는 땅이 보였던 거죠. 하지만 아브라함은 그런 땅보다 하나님을 보았어요.

우리가 주목할 대상은 가난과 부요, 형통함이나 고난이 아닙니다. 어떤 상황에서든 누굴 바라보고 살아가는지가 중요한데, 부요하든 가난하든 우리 시선이 하나님께 고정되어 바라보고 살지 않으면 삶은 언제나 시험으로 가득할 것입니다. 가난이나 부가 문제가 아니라 무엇을 보고 있는지 누굴 신뢰하며 사는지를 점검해야 합니다. (p86. 5~9줄)

세상 물질을 보면 하나님을 시선에서 놓치고, 하나님을 바라보면 세상 것에 큰 관심이 없는 거죠. 누구를, 무엇을 보는 가는 믿음의 잣대입니다.

Q : 네 목사님, 저를 되돌아보게 됩니다.

A : 이 책에서 제가 흥미롭게 읽은 부분인데요. 아브라함이 자기 집 종이었던 엘리에셀을 상속자로 세우려다 포기하고서 여종 하갈을 통해 이스마엘을 낳는 장면이에요. 그냥 나이가 점점 들어가니까 그랬겠다고 생각했는데 이 부분에 대해 강화구 목사님은 이렇게 설명해요.

창세기 15장 4절을 보면 하나님께서 이렇게 말씀합니다. '여호와의 말씀이 그에게 임하여 이르시되 그 사람이 네 상속자가 아니라 네 몸에서 날 자가 네 상속자가 되리라' 라고 말씀하셨습니다. 아브라함은 믿음으로 행한 것입니다. 자기 몸에서 날 자가 상속자가 될 것이라 했으니, 어쨌든 자기 몸에서 나면 되니까 하갈을 통한 시도를 한 것이에요 .(p136, 8~10줄)

아브라함은 믿음으로 한 행동이라는 거죠. 자기 몸에서 나면 되니까요.

Q : 맞네요. 어쨌든 하나님이 말씀하셨으니까요. 사라의 몸은 아닐지라도 아브라함 자기 몸에서 난 자는 맞으니까요. 그런데 목사님 이것은 조금 잘못된 믿음 아닌가요? 어떻게 보면 합리화하는 것 같아요.

A : 그래서 저자도 그런 말을 해요. 아브라함은 스스로 믿음이라 생각했겠지만 약간의 꼼수이자 자기변명인 거죠. 우리도 이런 일을 많이 하지요. 어찌 보면 믿음의 행동 같은데 자세히 보면 꼼수 같은 거요. 예를 들면 어떤 사람이 이렇게 기도하는 거예요. "하나님 십일조 백만 원 할 수 있게 도와주세요." 얼핏 보면 십일조를 많이 해서 하나님 나라 위해 일하는 소원 같아요. 그런데 결국 나머

지 900만 원은 자기가 먹겠다는 거잖아요. 그러니 이건 사실 꼼수죠. 아브라함도 그렇게 살짝 비튼 것이죠. "하나님 우리 아들 서울대학교 들어가서 하나님께 영광 돌리게 해 주세요." 이런 기도도 조금 의심스럽죠?

Q : 그럼, 참된 믿음은 무엇일까요? 이 책에서 말씀하고 있는 부분이 있나요?

A : 네, 있습니다. 창세기 18장을 설명하는 부분이에요. 창세기 18장은 아브라함이 천사들을 대접하는 장면입니다.

아브라함이 하나님과 천사들을 어떻게 영접했나보다 더 중요한 문제는 하나님께서 아브라함을 찾아오셨다는 사실입니다. 하나님께서 당신의 백성을 만나기 위해 찾아오셨다는 사실입니다. 지금도 마찬가지입니다. 하나님께서는 우리를 만나기 위해 찾아오시는 분입니다.

··· 아브라함은 하나님을 향한 믿음과 마음을, 환대를 통해 드러내고 있습니다. 우리 또한 마찬가지입니다. 믿음을 세상 가운데 드러내고 입증해야 할 모습이 있다면, 그중 하나가 환대여야 합니다. 주님을 향해 최선의 환대를 하는 것이 우리의 믿음 아니겠습니까?

(p177, 4~8줄)

아브라함은 가루 세 스아 약 20kg의 빵을 만들고 살찐 송아지를 잡았거든요. 최선을 다해 손님 환대를 한 것이죠.

Q : 눈에 보이는 사람을 대접하는 것이 곧 눈에 보이지 않는 하나님을 대접한 것이라는 말씀이죠.

A : 그럼요. 예수님께서도 분명히 말씀하셨잖아요. 어린아이 하나에게 한 것이 곧 나에게 한 것이라고. 하나님은 영이시니까 무엇을 드시거나 하는 분이 아니에요. 그런데 우리가 우리의 이웃을 대접하고 베풀면 그것이 곧 하나님께 한 일이라는 거예요. 그러니 믿음은, 헌신은 사람을 대하는 자세인 거죠.

Q : 네. 오늘 누구랑 점심을 드시나요? 하나님을 대접한다는 마음으로 우리도 실천해 보면 좋을 것 같아요.

A : 아브라함의 믿음의 절정은 역시 아들 이삭을 바치는 장면일 거예요. 그 부분을 살펴볼게요.

실제 창세기 12장 1~3절의 말씀은 22장 2절과 문법적으로 거의 흡사합니다. 둘 다 부르심입니다. '고향과 친척과 아버지의 집을 떠나라'는 부르심과 '사랑하는 아들 독자 이삭을 드리라'는 부르심은 동일한 문법 구조입니다. '내가 네게 보여줄 땅으로 가라'는 말씀과 '내가 네게 일러 준 한 산 모리아로 가라'는 말씀도 동일합니다. 창세기 12장은 한 마디로 '너의 과거를 끊어버리고 하나님을 경외함으로 네 미래를 걸어라'입니다. 과거를 끊고 미래를 살라는 뜻입니다. 22장은 이제 그에게 '너의 유일한 미래의 소망을 끊으라.'고 명합니다. 미래의 소망이 끊어지는 순간에도 그가 여전히 하나님을 신뢰할 수 있는지 묻습니다. (p265. 9~13줄)

Q : 가족을 포기한 것과 아들을 포기한 것이 동일한 맥락이네요? 가장 아끼는 것, 내 삶의 가장 소중한 것을 내려놓으라는 말씀인 거죠?

A : 맞습니다. 내가 가장 소중하게 여기는 것, 그것이 곧 우상일 가능성이 큽니다. 그것을 내려놓을 때 한 차원 높은 믿음의 길로 가는 것이죠. 하나님도 독생자 예수님을 내어놓으셨으니까요. 가장 소중한 것을 포기하면 가장 위대한 것을 얻는 것이죠. 그것이 믿음의 핵심이고요. 파라과이에 선교사로 갔던 짐 엘리엇은 말했어요.

"영원한 것을 얻기 위해 영원하지 않은 것을 포기하는 사람은 결코 어리석은 사람이 아니다."

허무한 마음을 허무는 전도서의 지혜

그래서 나는, 행복하게 살기로 했다

김유복 || 죠이북스 || 2023년

Q : 오늘 소개할 책은 『그래서 나는, 행복하게 살기로 했다』입니다. 제목이 참 따뜻해요.

A : 네. 책 제목처럼 실제 저자 목사님도 따뜻하고 푸근하신 분이에요. 대구에서 목회하고 계시고 제가 개인적으로 형님처럼 모시는 분입니다. 20여 년 전 청년 몇 명과 개척을 하셨는데 지금은 아주 건강하고 좋은 교회로 자리매김했어요. 이 책은 목사님께서 교회에서 주로 설교하신 내용을 보강해서 내셨어요. 전도서 특강이라 보시면 됩니다.

Q : 전도서 특강, 우리가 교회를 오래 다니고 신앙생활을 오래 해도 전도서는 왠지 잘 읽히지 않고 또 읽어도 무슨 뜻인지 잘 모르겠거든요.

A : 전도서는 히브리어로 '코헬렛'이라고 해요. 코헬렛의 어근인 카알은 '모은다.'라는 뜻이에요. 정리하면 전도서는 지혜를 모은 것 혹은 의인화하면 지혜자의 말 등으로 이해하시면 될 것 같아요. 우리가 전통적으로 아는 바와 같이 전도서는 솔로몬이 인생에 대해서 가르쳐 주는 성경이라고 보시면 될 것 같아요.

Q : 전도서에서 우리가 기억하는 유명한 구절은 아무래도 '해 아래 새것이 없다'라는 말씀인 것 같아요.

A : 그렇죠. 그 구절이 제일 유명할 거예요. 전도서는 인생의 무상함, 허무함, 우리 삶의 덧없으면 같은 것을 많이 이야기해요. 아마도 솔로몬이 살아보니까 인생 별것 없다는 고백이겠죠. 솔로몬은 권력도 가졌고, 돈도 가졌고, 명예와 심지어 부인도 많았잖아요. 그런데 그 모든 것이 허무하고, 의미가 없다고 고백한 셈이죠.

Q : 그런데 솔로몬은 다 가져 보고 누려 보았으니 그런 말을 했던 것 아닐까요? 좀 이기적인 것 같기도 해요. 자기는 다 누려보고 우리에게는 헛된 것이니 그렇게 살지 말라고 하는 것 같기도 하네요.

A : 좀 그렇긴 해요. 우린 평생 누려보지 못할 수 있으니까요. 제가 명품 옷을 입어볼 기회가 있을까요? 고급 승용차를 타 볼 기회도 없고요. 원 없이 여행을 다녀 볼 기회도 없고요. 나는 하지도 못했는데 그런 것이 다 의미가 없다. 뭐 이렇게 말하면 좀 속상하긴 하

죠. 하지만, 전도자가 말하고자 하는 것 혹은 대상은 그런 것은 누리지 않아도 참된 행복, 참된 가치를 알 수 있다는 것이고, 누려보고 후회하는 것은 실제로 큰 상처를 남기는 것이기 때문이기도 해요. 이를테면 술을 엄청나게 마시고 건강을 해치는 것 대신에 안 마시고 건강을 유지하는 것이 더 좋지 않을까요?

Q : 그럼요. 어쩌면 그런 것이 궤변인 것 같아요. 나쁜 짓을 해 보아야 나쁘다는 것을 알 수 있다고 말하는 것과 같으니까요. 나쁜 짓 하지 않아도 나쁜 짓이 무엇인지 우리는 다 알아요. 이 책이 그런 것을 말하고 있다는 거죠?

A : 그렇습니다. 김유복 목사님은 1장에서 헛되다는 말로 시작해요. 히브리어로 '헤벨'인데 그건 숨, 바람, 수증기, 안개 등을 뜻하죠. 한마디로 덧없는 것, 순간적인 것이라는 거예요. 그 반대는 영원한 것이고요. 한 구절 제가 읽어 드릴게요.

인생이 찰나라는 것을 알면 역설적으로 지금의 시간이 중요해집니다. 우리는 미래의 어느 날 행복해지기 위해 지금을 희생해서 과도하게 수고하고, 그렇게 수고하느라 우리에게 주어진 '오늘'이라는 선물을 놓치고 삽니다. 아니면 과거를 후회하거나 죄책감에 사로잡혀 사느라 지금이라는 선물을 즐기지 못하기도 합니다. (p15, 8~12줄)

Q : 결국 중요한 것은 지금이라는 말이잖아요. 아직 오지 않은 미래 때문에 걱정하지 말고, 과거 때문에 괴로워하지 말고, 지금 충실한 삶이 필요하다는 것이죠?

A : 맞습니다. 그러면서 저자는 전도자의 말을 빌려 생을 즐기라고 말합니다. 먹고 마시고 즐기는 것보다 좋은 것이 없다고 말해요. 그런데 여기서 즐기고 먹고 마시자 하니까 마치 '노세 놀아 젊어서 놀아'라고 오해할 수 있는데요. 그런 것은 아니고 지금 여기 우리에게 주어진 일상을 감사로 여기라는 거죠. 지금 먹고, 마시고, 살아가는 것 자체가 은혜라는 뜻이에요.

오래전 톨스토이는 인생에서 제일 중요할 때는 언제인가? 바로 지금이다. 그럼, 가장 중요한 사람은 누구인가? 지금 옆에 있는 사람이다. 그리고 가장 중요한 일은 무엇인가? 지금 하는 일이라고 했어요. 그러니 지금 사랑하는 사람과 함께 살아가는 것이 은혜임을 깨달으라고 전도자는 말하고 있는 것이죠.

Q : 그런데 목사님 해 아래 새것이 없다는 것은 어떤 뜻일까요?

A : 김유복 목사님의 설명에 의하면, 구조적 악이 계속 반복된다는 뜻이에요. 이를테면 예전에도, 지금도 고된 노동이 존재하고, 빈부의 격차가 존재하고, 전쟁이나 사고 사건이 늘 발생하니까요. 자끄 엘륄은 "칭기즈칸은 칼로 사람을 죽였고, 우리는 원자탄으로 죽였다."라고 말했어요.

문명이 발달하면 더 나은 세상이 될 것 같지만 절대 그렇지 않다는 것을 깨달아야 한다는 거죠. 기술의 발달로 우리는 더 강력한 대량

살상 무기를 경험하고, 더 강력한 환경 위기를 보고 있으니까요. 빈부의 격차도 훨씬 더 증가했고요.

Q : 그렇다면 세상이 너무 암울한 것인데요. 이런 세상에 대해서 우리가 어떤 희망 같은 것을 가질 수 있을까요?

A : 저자가 이렇게 말해요.

해 아래 세상에서 행하는 모든 일이 헛됨을 알게 될 때, 우리는 다른 질문을 던져야 한다는 것을 깨닫게 됩니다. "무엇이 우리 인생을 의미로 충만하게 할 수 있을까요? 이것이 전도서를 기록한 이의 목적이기도 합니다. 해 아래 세상에서 눈을 돌려 저 해 위에 계시는 분을 바라보게 합니다. 하늘에 계신 하나님만이 온 세상을 새롭게 하실 수 있기 때문입니다. (p25. 21~p26. 4줄)

이 세상에 참된 행복이 없기에 우리는 영원하신 분, 하늘에서 부어지는 행복을 소망해야 하죠. C. S. 루이스는 "우리가 이 세상에서 결코 완전한 만족을 누리지 못하는 것은 우리로 저 하늘을 소망하게 하는 이유 아닐까요? 거기에 완전한 만족이 있을 테니까요."라고 했어요.

Q : 해 아래 새것이 없다, 해 아래에 완전한 만족이 없다는 깨달음, 그것이 영원을 사모하는 마음으로 이어져야 하는 거죠?

A : 맞습니다. 일찍이 신학자 어거스틴도 하나님 품 안에 안기기

까지는 결코 참된 만족을 얻지 못한다고 했어요. 우리가 이 사실을 깨달으면 좀 여유를 가질 수 있어요. 이를테면 이런 거죠. 우리는 사람에게서 완전한 만족을 얻을 수 없거든요. 그렇기에 사람에게 너무 실망할 필요가 없는 거예요. 원래 사람은 나를 온전히 만족시켜 줄 수 없으니까요. 그래서 사람에게 너무 많은 걸 바랄 필요가 없어요. 부부간에도 마찬가지예요. 하나님 대신 남편 혹은 아내에게 자꾸만 기대니까 실망하게 되는 것이에요. '저 사람은 날 만족시키는 존재가 아니야.' 이런 생각을 하면 좀 여유가 생기죠. 그래서 실망이 아니라 내가 보충해 줘야 할 존재로 여기는 것이고요.

Q : 와, 목사님 말씀에 정말 공감합니다. 배우자는 나를 채워줄 존재가 아니라 내가 채워줘야 할 사람이니 불쌍히 여기라는 말이 참 와닿아요. 그리고 무엇보다 하나님만이 내 삶을 온전히 채워 줄 수 있다는 것도요.

A : 김유복 목사님도 그래서 이렇게 말하고 있어요.

우리는 하나님이 허락하신 일상에서 행복을 발견할 수 있습니다. 행복한 사람은 하나님 안에서 일상을 사는 사람입니다. 그의 일상을 지배하는 것은 쾌락이나 성공, 부에 대한 욕망이 아닙니다. 그는 자신의 일상을 하나님 안에서 살아냅니다. 그는 해 아래 허무한 세상 안에 있지 않습니다. 그는 하나님 안에 있는 샬롬의 세계를 사는 사람입니다. (p45. 9~14줄)

교부 로욜라의 이냐시오 영성을 우리가 주목할 필요가 있는데요. 모든 것 안에서 하나님을 발견하고, 하나님 안에서 모든 것을 누리라고 했어요.

Q : 우리가 살아가는 하루하루, 작은 일을 하나님의 시각으로 해 나가자는 것이죠? 그것이 진정한 영성이고 의미라는 것이죠?

A : 네, 오래전 로렌스 수사는 부엌에서 감자를 깎는 일도 참된 영성이라고 했어요.

우리는 '해 아래 식탁'이 아니라 '하늘의 식탁'을 차려야 합니다. 하늘의 식탁은 하나님 안에서 함께 먹고 마시고 즐거워하기 위해 차려지는 식탁입니다. (p47. 9~11줄)

이러한 일상의 영성을 찾으면 헛된 야망을 구하지 않습니다. 이 책 5장의 주제를 잠시 이야기하자면 5장의 주제가 '허무한 희망들 - 희망이 사라진 세상에서 행복할 수 있을까?'예요. 현재 우리가 살아가는 시대를 잘 대변해 주는 것 같아요. 우리는 일반적으로 돈, 정치, 권력 등에서 희망을 찾으려 하는데 그런 것들이 우리를 오히려 절망으로 이끄는 경우가 많단 말이에요. 특히 종교에서 헛된 희망을 찾으려 하는 현상에 대해서 목사님이 말씀하고 계세요.

어리석은 사람은 하나님을 통제할 수 있다고 믿습니다. 그러나 하나님은 우리의 욕망에 따라 이리저리 휘둘리는 분이 아닙니다. 어리석은 사람은 '악한 일을 하면서도' 그것이 '악한 일'이라는 사실을 깨닫지 못합니다. 그들은 하나님과 거래하려 듭니다. 하나님을 마치 제물이나 탐하는 존재로 여깁니다. 해서, 제물이나 잘 바치면 하나님이 자신들을 축복하실 것이라고 믿습니다. (p87. 12~17줄)

신앙을 종교적 열심과 착각하는 현상에 대해서 말씀하고 계세요. 주일 성수 잘하고, 십일조하고, 새벽기도 하면 된다고 생각하는 거죠. 그렇게 하면서 실제로 살아가는 것은 잘 못 하고요.

Q : 아주 오래전에 본 영화 '투캅스'가 생각나는데요. 그 영화에서 선임 형사가 온갖 뇌물 받고 봐주고 하면서 교회 가서 헌금하면서 거짓으로 용서를 구하는 장면요. 그런 현상을 말하는 것이겠죠?

A : 네, 하나님을 자기 욕망을 충족하는 대상으로 혹 자기 일을 더 잘해 주는 존재로 여기는 거예요. 최근 '마스크 걸'이라는 드라마가 인기 있는데 거기에 김경자라는 캐릭터가 딱 그래요. 자기 아들의 복수를 위해 열심히 기도해요. 기도의 내용은 자기 아들의 복수를 절대로 포기하지 않고 반드시 해 낼 수 있게 해 달라고. 얼핏 보면 신앙이 좋은 것 같은데 자세히 보면 그건 신앙이 아니죠. 진짜 신앙은 용서할 힘을 달라고 기도해야 하는 거죠.

Q : 그럼 우리가 이런 헛된 희망을 극복하고 행복한 신앙생활을 할 수 있는 비결은 무엇일까요? 혹시 책에서 그런 내용도 언급하고 있나요?

A : 네, 저자는 유명한 구약학자 월터 브루그만의 말을 인용해요. "감사로 이루어지는 '생산'을 생각해 보라. '감사'로 실행되는 '분배'는 또 어떤가? '감사'로 이루어지는 소비를 상상해 보라." 즉, 모든 일에 감사로 하라는 말이죠. 돈을 버는 것도 감사로, 돈을 쓰는 일

도 감사로. 그러면 하나님의 은혜를 깨닫게 되고 하나님이 원하시는 방식으로 돈을 벌고 하나님이 기뻐하시는 곳에 돈을 쓸 거라는 거죠. 최근 제가 들은 이야기가 있는데요. 제주에 살고 계신 화가분이 전시회를 하고 있어서 친구들이 격려 목적으로 방문했데요. 그런데 전시회에는 잠시 와서 인사만 하고, 나머지는 매일 골프 치고, 맛난 거 먹고 그냥 돌아갔다고 해요. 정작 작품은 하나도 구매해 주지도 않고요. 골프 하루만 안 치고 그 돈으로 작품 하나 구매해 주면 얼마나 좋을까? 그런 생각이 들더라는 거죠.

Q : 결국 사람들은 자기 하고 싶은 대로, 자기 먹고 싶은 대로, 자기 욕망을 채우기 위해서 돈을 쓰고 경제 활동을 하는데, 진정한 행복은 하나님이 원하시는 일, 하나님이 기뻐하시는 일, 즉 타인을 위로하고 또 하나님의 복음을 위해, 가치 있는 일에 돈을 쓰는 것이라는 거죠?

A : 그렇습니다. 이 책 9장에 이렇게 적고 있어요.

정의롭지 못하고, 모호하며, 덧없는 해 아래 세상에서 하나님이 주신 것들로 삶을 경축하고, 고아와 과부, 가난한 이웃을 초청해 축제를 열 때, 덧없음으로 채색된 회색빛 세상에 무지갯빛 기쁨이 가득한 새로운 세상이 창조됩니다. 그것이 우리가 받는 몫이자 보상입니다. (p162. 4~7줄)

그러면서 저자 목사님은 한 베트남 가족의 돌잔치를 열어 준 이야기를 덧붙여요. 그때 그 가족이 얼마나 기뻐하는 지, 바로 그곳이 하나님 나라였다고 고백하고 계세요.

Q : 우리도 당장 실천하면 좋겠어요. 주변에 힘들어하는 친구는 없는지, 그런 분들에게 따뜻한 식사 한 번 대접하는 것이 곧 지혜로운 삶이고 행복한 삶의 실천이니까요.

A : 이 책 10장에서 저자는 이런 일을 하기 위해 우리는 지혜로운 자가 되어야 한다고 적고 있는데요.

의인은 어떤 길이 정의롭고 올바른 길인지를 묻지만, 악인은 무엇이 자신에게 이익이 되는지를 묻습니다. 지혜로운 사람들은 이익과 올바른 삶이 충돌할 때 올바른 삶을 선택합니다. (p187, 13~15줄)

우리는 흔히 이익이 되는 일을 추구하는 것이 옳다고 여기지만, 사실상 그것은 헛된 희망이자 결국 불행이고, 하나님의 눈으로 세상을 바라보면서 올바른 일을 해 나갈 때 하나님의 진정한 행복을 누릴 수 있는 거죠. 그런 길을 가기 위해서는 의지적 결단이 필요한 것이에요.

Q : 네 오늘은 김유복 목사님의『그래서 나는, 행복하게 살기로 했다』전도서 강의 책을 함께 나누었습니다. 여러분, 오늘 누군가에게 행복을 주는 사람으로 기억되면 참 좋을 것 같아요. 그리 어렵지 않은 일이니까요.

합력하여 선을 이루시는 삶

롬팔이팔

한창수 || 규장 || 2023년

Q : 잘 지내셨죠? 오늘은 어떤 책을 소개해 주시나요?

A : 네, 오늘은 한창수 목사님이 쓰신 『롬팔이팔』이라는 책입니다. 23년 2월에 출간된 따끈따끈한 신간입니다.

Q : 제목이 『롬팔이팔』이에요. 언뜻 들으면 이게 무슨 말인가 싶은데요. 책 제목이 뜻하는 것이 있나요?

A : 네, 롬팔이팔은 로마서 8장 28절을 뜻하는 말입니다. 믿는 자에게는 모든 것이 합력하여 선을 이루느니라는 말씀이죠. 이 책을 쓰신 저자이신 한창수 목사님의 인생 구절이기도 합니다. 목사님께서는 이 말씀을 평생 가슴에 품고 사셨고, 이 말씀의 증거가 되는 삶을 살아내셨고요.

Q : 아 그렇군요. 로마서 8장 28절이 책 제목의 뜻이군요. 그럼, 이 책을 쓰신 한창수 목사님의 삶도 만만치 않았을 것 같아요.

A : 표지 안쪽 저자 소개에도 나오고, 이 책 1장의 주 내용이기도 한데, 목사님의 삶 자체가 한 편의 드라마 같아요. 눈물 없이 들을 수 없는 그런 내용들인데요. 저자인 한창수 목사님은 대구시 중구 향촌동 18번지에서 태어나셨다 해요. 그곳에 대한 묘사가 18페이지부터 나오는데, 일제 강점기 때부터 유흥 상업지구였다고 하죠. 또 거기는 대구의 양대 폭력 조직이 버티고 있던 지역이고, 어릴 때 심심찮게 그런 모습들을 보면서 자라셨다고 해요. 여관과 술집, 나이트클럽, 밤이 되면 업소의 여인들이 호객하는 거리를 지나야 목사님이 살던 집이 있다고 해요.

Q : 아니, 무슨 드라마의 한 장면 아닌가요? 분명 이 책 내용 맞는 거죠? 초반부터 정말 흥미진진한데요. 그런 곳에서 살았단 말이잖아요?

A : 네, 그런데 더 드라마틱한 것은 저자가 초등학교 5학년 때 어머니가 암에 걸리셨다는 판정을 받으셨고 방사선 치료 부작용으로 몸져누우셨다고 해요. 그래서 초등학교 시절에 대한 기억은 어머니가 입원해 있던 병원과 유흥지구인 향촌동이 전부라고 책에 나와요. 그리고 일 년 후 저자가 6학년일 때, 선생님이 얼른 집에 가 보라 해서 갔더니 글쎄 어머니가 돌아가셨다는 거죠. 그리고 아버지는 그 길로 전라도 어딘가에 일하러 가신다고 하고는 소식이 끊겼

다고 하네요.

Q : 이런, 엎친 데 덮친다더니, 무슨 이런 소설 같은 삶이 있나요? 지금 이런 것이 책 내용 맞는 거죠?

A : 그러니까요. 저도 이 책 『롬팔이팔』 1부를 읽다가 깊은숨을 몇 번이나 쉬었는지 몰라요. 아니 어쩜 이렇게 살았을까? 어찌 이리도 불행한 어린 시절을 보냈을까? 그러면서 동시에 놀란 것은, 이렇게 불우한 어린 시절을 살았는데 지금의 저자 목사님을 보면 얼마나 표정이 밝으신지, 전 저자 목사님이 부잣집 막내아들로 자란 줄 알았어요.

Q : 너무나 불행했던 어린 시절인데, 그 어려움들을 이겨내고 잘 자라신 것이잖아요. 그리고 지금은 목회를 잘하고 계시고요. 그 비결이 사실 이 책을 쓰신 이유이기도 한 것 같아요. 그죠?

A : 네 맞습니다. 이런 가난하고 불우했던 어린 시절 목사님의 삶에 기적같이 들려온 한마디가 있다고 책에 기록하고 있어요.
"창수야, 교회 52번 가면 필통 준대이~~"
친구가 자전거 타고 지나가면서 던진 한마디였다고 해요.

Q : 저도 그 부분 읽었는데요. 그러니까 친구의 말은 교회에 52번, 일 년 출석하면 필통 준다는 말이었잖아요. 그래서 단순하게 필통 하나 얻으

려고 한 번도 안 빠지고 교회에 갔던 것인데 이것이 저자의 운명을 바꾼 것이 되었어요.

A : 그러니까요. 마치 성자 어거스틴에게 들려온 말씀과도 흡사하죠. 어거스틴도 인생의 회의에 빠져 있을 때, 지나가던 아이들이 떠드는 소리 '펴서 읽어라.'라는 말을 듣고 성경을 폈는데 "세월을 아끼라 때가 악하니라, 술 취하지 말라 이는 방탕한 것이니 오직 성령의 충만을 받으라."라는 말씀이었고, 어거스틴의 삶은 극적으로 변화되었다고 하죠. 말씀이 이렇게 중요한 것이고, 그 말씀이 성령의 감동으로 그 사람의 인생을 완전히 바꾼 것이죠.

Q : 우리가 방송 때 함께 외우는 말씀이 그래서 정말 중요한 것 같아요. 말씀 자체가 힘이 있잖아요. 목사님도 이런 경험 있으시죠?

A : 그럼요. 저도 오래전, 군에 입대할 때 당시 담임 목사님께서 격려하시며 들려주신 말씀이 있는데, 창세가 28장 15절이었어요. "내가 너와 함께 있어 네가 어디로 가든지 너를 지키며 너를 이끌어 이 땅으로 돌아오게 할지라." 군 생활 힘들 때마다 이 말씀을 암송하며 이겨냈어요.

Q : 그렇군요. 저자가 주일학교 때 담당 선생님인 권사님이 읽어주신 말씀을 붙들었다고 책에서 읽었습니다.

A : 김미자 권사님이라고 소개하고 계세요. 김미자 권사님이 이 책을 보시면 정말 뿌듯하실 것 같아요. 마태복음 6장 25, 26절이었는데 무엇을 입을까, 무엇을 마실까 염려하지 말라, 천부께서 다 아시느니라는 말씀이에요. "너희 하늘 아버지께서 기르시나니 창수 너는 이것들보다 귀하지 아니하냐?"라고 권사님께서 말씀하셨는데 목사님은 그 말씀을 평생 지니고 살았다고 해요. 책 내용을 읽어 드릴게요.

아직 장난기 많고 집중도 잘하지 못하던 5학년 어린 나이였지만, 그 순간 온몸에 전율이 흐르고 소름이 돋았다. 찔끔, 눈물이 나올 뻔했다. 솔직히 당시 내 형편은 스스로 귀하다고 여길 만한 게 하나도 없었다. 고작 필통 하나 받으려고 교회를 다니던 나에게 '무엇을 먹을까, 무엇을 마실까, 무엇을 입을까'는 정말 중요한 일이었다 … 권사님은 또다시 손가락으로 나를 지목하면서 이렇게 말씀하셨다. "하물며 창수 너일까 보냐?" 그 말씀을 듣는 데 울컥한 마음이 드는 한편, 전에 받아보지 못한 위로를 느낄 수 있었다. 권사님에게서 어머니 같은 사랑을 느낄 수 있었고 고마움과 친밀함이 동시에 느껴졌다.

(p24, 15~ p25, 2줄, 11~16줄)

Q : 이런 부분을 보면 주일학교가 진짜 중요해요. 주일학교 선생님이셨던 권사님이 해 주신 말씀이 결국 한창수라는 아이에게 감동이 되었고, 결국 목사님까지 되셨잖아요. 이 방송을 듣고 계신 주일학교 선생님들 계신다면 힘내시길 바랍니다. 여러분의 수고와 노력, 기도가 절대 헛되지 않다는 것을 이 책이 증거하고 있으니까요.

A : 그럼요.

하지만 그 52주 동안 하나님은 '내 인생'이라는 천지를 창조하고 계셨다. 흑암이 깊었던 내 인생에 빛을 만드시고 하나님 나라를 만드시고 에덴동산을 지으셨다. 그 시간 동안 내가 느끼지도 못한 사이에 내 인생과 영혼을 만져주셨다. (p23. 13~16줄)

저자 목사님의 고백이 우리 모두의 고백이길 축복해요.

Q : 우리가 교회를, 주일학교를, 방송을 포기하지 않는 것 같아요. 우리가 하는 것 같지만 실은 하나님께서 하고 계시니까요. 당장 우리 눈에 보이지 않아도 우리를 위해 일하시는 하나님의 역사, 기적이 많으니까요.

A : 아멘, 한 목사님께서 쓰신 책 내용 중 딱 맞는 부분이 있어요.

보이지 않는 예수님을 만나도록 돕는 가장 빠른 방법은 예수님을 닮은 사람을 만나는 것이다. 나는 어린 시절 교회 생활을 통해 예수님을 닮은 어른들을 아주 많이 만났다. 이름을 다 열거할 수 없을 정도로 많은 분이 예수님의 모범을 따라 사셨다. (p28. 6~9줄)

Q : 정말 그런 것 같아요. 우리가 예수님을 보여 주어야 하죠. 한창수 목사님은 참 복을 받은 분 같아요. 그런 예수님 닮은 분을 많이 만났으니까요. 우리 교회들이 당연히 그래야 할 것이고요.

A : 어떤 신학자가 그랬어요.

"비신자들이 읽을 수 있는 유일한 성경은 그들 주변의 신자들이다."

우리가 예수님을 보여 주는 사람들인 거죠. 우리를 보고 그들은 예수님을 떠올리니까요. 그래서 우리의 말 한마디, 행동 하나가 바로 복음인 것이니, 잘 살아야겠죠?

Q : 저자는 너무 가난해서 학교에서 먹고 자고, 학교에서 아르바이트도 했군요?

A : 그 대목을 읽어 볼게요.

고등학교 3년 동안 구내매점에서 빵 팔고, 대학 입시 시험을 치르는 당일까지 새벽에 신문을 돌리며 살아온 날들이 하나도 고생스럽게 느껴지지 않았다. 아버지와 형, 누나가 원망스럽지도 않았다. 하나님이 아버지가 되셨고, 삶을 비추는 빛이 언제나 함께 했기 때문에 날마다 신나는 하루하루를 살 수 있었다. 천사를 보내어 엘리야를 먹이셨듯이 하나님께서는 학교 곳곳에 천사를 두셔서 내 삶을 채워주셨다. (p42, 5~11줄)

여기서 가장 핵심은, 말씀을 묵상하니까 하나님이 아버지가 되어 주신다는 것을 몸소 경험했다는 것이잖아요. 저도 마찬가지예요. 제가 27살에 아버지가 교통사고로 돌아가셨거든요. 그때 장례식 마치고 너무 힘들 때 이런 말씀을 들었어요. "너는 내 사랑하는 아들이요 내 기뻐하는 자라." "영접하는 자 그 이름을 부르는 자에게는 하나님의 자녀가 되는 권세를 주셨느니라." 아~ 하나님이 내 아버지구나! 저도 그 말씀 붙들고 평생 살아왔어요.

Q : 아~ 목사님도 그런 사연이 있었군요. 그리고 말씀의 능력으로 이겨내셨고요. 이렇게 말씀은 정말 살아 움직이고, 또 하나님은 말씀으로 우리를 이끄시는 것 같아요.

A : 이후 신창수 목사님은 303 비전학교 여운학 장로님을 만나게

되고, 그 장학금으로 신학대학원도 다니게 되셨고, 이후 영국 유학까지 하시게 되었는데, 유학 중에 갑자기 후원 교회에 문제가 생겨서 급하게 귀국하게 되셨고, 또 교회를 개척해야 했는데, 역시 그때도 말씀을 붙드셨다고 하죠? 그리고 그 암울하고 힘든 시기에 여호수아 1장 7절 말씀으로 이겨내셨다고 해요.

"내가 네게 명령한 것이 아니냐 강하고 담대하라 두려워하지 말며 놀라지 말라 네가 어디로 가든지 네 하나님 여호와가 너와 함께하느니라 하시니라" 그러고는 대구 사랑 걷기를 계속하셨다고 해요. 목사님이 사시는 대구를 걸으면서 기도하면서 그 영혼들을 사랑하는 마음을 키웠다고 해요. 저도 일주일에 한 번 올레길 걷는데, 한창수 목사님처럼 우리가 살아가는 이 제주도 땅을 위해 기도하고요. 또 비신자들을 만나기도 하고요.

Q : 한창수 목사님은 특히 다음 세대에 말씀을 전수하기 위해 엄청나게 수고를 많이 하시는 것 같아요.

A : 그죠? 이 책 내용에도 나오는데요. 132쪽이에요.
"신앙은 유전되지 않는다. 신앙은 교육해야 한다. 신앙은 부모가 수고하고 노력하여 교육해야 한다. 그것도 부지런히 교육해야 한다."라고 하면서 신명기 6장 6~7절 말씀을 강조하셨어요. "오늘 내가 네게 명하는 이 말씀을 너는 마음에 새기고 네 자녀에게 부지런히 가르치며 집에 앉았을 때에든지 길을 갈 때에든지 누워 있을 때에든지 일어날 때에든지 이 말씀을 강론할 것이며"라고 하시며 부모가 먼저 마음에 새긴 말씀을 자녀들에게 부지런히 가르치라고 명령하셨다고 강조하시고, 부모가 집에서 자녀와 함께 말씀을 읽고 묵상하고 전수해야 한다고 하셨어요.

Q : 저도 그 부분 읽으면서 상당히 찔렸어요. 사실 공부하라는 말을 더 많이 했지, 말씀을 같이 읽자는 말을 많이 못 한 것 같아요. 그리고 내 자녀의 말씀 교육을 내가 직접 하지 않고 주일학교 교사에게 맡긴 것은 아닌가 하고 반성하게 되었어요.

A : 대부분의 교회에서 주일학교는 일주일에 한 번, 약 1시간 정도 드려요. 설교와 찬양 빼면 실제로 아이들이 말씀을 배우는 시간은 채 20분도 안 될걸요. 그러니 당연히 부족하죠. 집에서 부모의 역할이 정말 중요해요. 전, 이 책 읽다가 이 지점에서 감동 그 자체였어요. 주일학교 아이들에게 마태복음 1장이 왜 좋으냐고 물었더니, "마태복음 1장을 암송하고 있으면 구약성경 전체가 살아서 들어오는 것 같아요."라고 대답했다고 하잖아요.

Q : 초등학교 6학년의 입에서 나온 대답이었다죠? 그리고 책 내용을 보면 왈칵 눈물이 쏟아졌다고 하셨어요. 우리는 그저 말씀을 암송하도록 지도했을 뿐인데 이미 성령께서 그 아이들의 속에 역사하여 깨닫게 하고 계심에 감동의 눈물을 흘리셨다고.

A : 정말 부럽죠? 그래서 저자 목사님은 지금도 303 비전 학교 2대 교장을 맡으셔서 다음 세대에게 말씀을 암송하고 가르치는 일에 전념하고 계셔요. 이 책 마지막 부분을 보면 성경은 원래 기록 자체를 목적으로 기록한 것이 아니라 기억하기 위해 기록했다고 하죠. 그리고 기억된 말씀대로 순종하기 위함이고요. 예전에는 기록 매체가 잘 없으니까, 앞에서 한 사람이 읽으면 그 말씀을 듣고 또 암송하는 것이 일반적이었죠. 성경은 읽는 것이 아니라 듣는 것이라는 말씀을 꼭 기억했으면 좋겠습니다.

바울, 베드로, 누가, 디모데 그리고 마가는
감옥에서 10일 동안 있었다

사도바울의 마지막, 특별한 열흘

배성혜 || 좋은땅 || 2024년

A : 어떤 사람과 이야기를 나눌 때 그 사람의 배경이나 살아온 삶을 알고 있다면 더 잘 이해할 수 있을 것입니다. 전 제주도에 처음 와서 식당에 들어가면 왠지 불친절하다는 느낌을 많이 받았거든요. 왜 저러지? 이런 생각을 했는데 살면서 제주도의 역사를 좀 공부하면서 이해가 되었어요.

Q : 이 부분은 입도민이 많이 혼란스러워해요. 왜 억세지? 왜 퉁명스럽지? 이런 것이잖아요?

A : 네 맞습니다. 현기영 선생님의 책을 읽다가 그 부분을 알게 되었어요. 제주도라는 억센 환경, 척박한 땅, 바람 많은 땅, 바닷가에서 살아야 했던 것이 모여서 그렇게 되었다는 대목을 만났어요. 거기다가 오랫동안 외세의 간섭을 많이 받았고, 그런 부분을 알게 되

니까 이해가 되더라고요. 그래서 저는 역사 소설을 참 좋아해요.

Q : 오늘 소개해 주실 책이 역사 소설인가 봅니다. 어떤 책인가요?

A : 성경 소설이고요, 제목은 『사도 바울의 마지막, 특별한 열흘』입니다. 부제가 있는데요. '바울, 베드로, 누가, 디모데 그리고 마가는 감옥에서 10일 동안 있었다.'입니다. 사도 바울은 다메섹으로 가는 도중에 주님을 강하게 만났고, 다메섹에서 아나니아라는 제자의 기도를 통해 눈을 뜨게 되어 광야에 있다가 안디옥이라는 도시에서 바나바와 함께 본격적으로 사도의 임무를 수행하죠. 이후 세 차례에 걸친 전도 여행을 하게 되는데 마지막에는 예루살렘에 올라갔다가 가이사랴에서 체포되고 로마로 호송되어 약 2년간 수감생활을 했어요. 일종의 가택연금 형식이었어요. 잠시 풀려났다가 네로 황제의 명에 의해 다시 수감되어 처형당한 것으로 알고 있습니다.

Q : 음, 그러면 처형당하기 직전의 마지막 열흘을 소재로 작가가 소설 형식으로 그날들을 재구성한 것이라 보면 되겠네요.

A : 맞습니다. 이런 형식을 팩션이라고 하죠. 팩트와 픽션, 즉 상상력이 더해진 형태의 소설입니다. 청취자 여러분이 여기서 한 가지 주의해야 할 것이 있는데요. 이 책은 소설이에요. 성경을 소재로 한 소설이라는 것을 기억하셔야 해요. 따라서 이 책을 신학적으로, 역사적으로 옳으니 그르니 이런 잣대를 대면 안 되는 거죠. 사도 바

울, 베드로, 누가, 디모데, 마가 등은 실존 인물이고, 바울이 감옥에 갇힌 것도 역사적 사실이에요. 하지만, 이 인물들이 한자리에 모였는지는 알 수 없는 부분이에요. 작가적 상상력을 동원한 부분이죠. 이런 점을 고려하시고 읽으셔야 합니다.

Q : 하긴, 이순신을 소재로 한 김 훈의 소설 『칼의 노래』도 등장인물이나 이순신의 사건은 모두 알 수 없죠. 작가가 상상력을 동원해서 묘사한 부분인 거죠?

A : 그렇죠. 제가 소개해 드린 『난주』나 『추사』처럼 제주도를 배경으로 하는 역사 소설도 마찬가지예요. 실제로 정난주가 그랬는지 우리는 알 수 없어요. 다만 작가가 충분한 사료를 수집하고 그 위에 작가적 상상력을 동원해서 묘사한 것이죠. 이 소설도 그렇게 읽으시면 됩니다.

Q : 그럼 소설 내용으로 들어가 볼까요? 사도 바울이 감옥에 갇혀 있을 때를 배경으로 썼다고 하셨죠?

A : 맞습니다. 당시 로마의 황제는 그 유명한 네로였어요. 네로는 로마의 구시가지를 불태워 버렸어요. 자기의 시상을 떠오르게 하려고요. 미친 사람이었죠. 그런데 로마 시민의 원성이 자자하니까 그것을 그리스도인에게 돌렸어요. 새 하늘과 새 땅을 추구하는 자들이 기독교인 아니냐, 그들이 로마를 없애려 불을 질렀다는 식으로

선동했죠. 그런 분위기에서 로마 시민은 기독교인들에 대한 반감이 컸고, 자연히 기독교 지도자였던 바울을 수감시키고 처형했던 거죠.

Q : 그렇다면 그런 엄중한 시기에 다른 제자들이 어떻게 사도 바울을 면회할 수 있었을까요? 쉽지 않을 텐데요.

A : 이 부분에서 저자의 상상력이 동원됩니다. 저자는 데오빌로를 로마의 뛰어난 귀족이자 장군으로 등장시켜요. 사도행전도 마찬가지고 누가복음의 서두에 보면, 누가가 데오빌로라는 각하에게 편지 형식으로 복음서를 써서 보내지요? 신학적으로 데오빌로가 누군지 정확히 알 수는 없습니다. 하지만 작가는 이 지점에서 의사인 누가에게 치료를 받은 사람으로 누가를 아주 아끼는 로마의 고위 관료로 설정해요. 바울이 갇혀 있던 감옥의 관리도 데오빌로가 했고요. 그래서 특별히 10일이라는 시간이 허락되어 디모데, 마가 등도 바울을 접견할 수 있도록 배려했다는 것이죠.

Q : 물론 이 부분은 작가적 상상력이 동원된 부분이지요. 하지만 역사적 사실로도 있었던 부분인 거죠?

A : 맞습니다. 책 서두에 디모데가 로마의 항구에 도착하는 것으로 시작하는데, 디모데는 당시 에베소 교회를 담당하고 있었죠. 그러다 바울의 수감 소식을 듣고 바울에게 필요한 물품 등을 구해서

갔어요. 디모데는 에베소에서 우선 드로아(트로이)에 들러 가보라는 사람 집에 두고 온 바울의 겉옷을 챙기고 다시 배를 타고 로마로 들어오는 것으로 묘사해요. 이 부분은 디모데후서 4장에 기록되어 있죠. "너는 내게 속히 오라 데마는 이 세상을 사랑하여 나를 버리고 데살로니가로 갔고 그레스게는 갈라디아로, 디도는 달마디아로 갔고 누가만 나와 함께 있느니라. 네가 올 때에 마가를 데리고 오라 그가 나의 일에 유익하니라… 네가 올 때에 내가 드로아 가보의 집에 둔 겉옷을 가지고 오고 또 책은 특별히 가죽 종이에 쓴 것을 가져오라… 너는 겨울 전에 어서 오라."

Q : 음, 작가가 성경을 꼼꼼히 연구하고 또 기록해서 그 사실 관계 위에 필요한 부분들을 쓴 것이군요.

A : 그렇습니다. 우리가 성경만 읽으면 사실 좀 밋밋하다고 볼 수 있잖아요. 성경은 구구절절 감정의 묘사나 상황 묘사를 하지 않으니까요. 딱 필요한 정보만 기록한 느낌이에요. 하지만, 이 소설은 그 행간 너머의 감정 묘사, 상황 묘사를 하고 있으니, 우리가 성경을 더 세심하게 읽을 수 있게 도와주고 우리도 상상력을 동원해서 감정 몰입을 할 수 있는 거죠.

마가는 베드로, 바울과 함께했던 로마 시절을 떠올렸다. 시기는 달랐지만 두 스승의 마지막 사역지가 로마라는 것도 하나님의 뜻이란 것을 깨달았다. 그러고 보니 그는 생각보다 로마에 오래 머물렀다. 바울이 로마로 오기 전에 베드로와 함께 사역하면서 베드로가 전한 예수님의 생애를 나름대로 기록했다. 두루마리에 조금씩 적은 것을 언젠가 스승과 함께 정리하고 싶다는 소망을 품었다. 이번이 마지막 기회임을 알기에 그동안 조금씩 기록했던 두루마리들을 소중하게 싸서 행낭에 넣었다. (p21. 18줄~p22. 4줄)

Q : 이렇게 들으니, 감동이 새롭네요. 그런데 여기서 궁금한 것은 디모데, 마가, 누가 등의 관계인데요. 왜 하필 이 인물이었을까요?

A : 우선 디모데는 바울의 아들로 불릴 정도의 사역자였고 또 서신서에 분명히 기록되어 있으니까 당연하고요. 마가는 바나바의 조카로서 바울의 초창기 사역에 함께 했죠. 하지만 사소한 의견 갈등으로 바울을 떠났다가 다시 베드로를 도와 사역을 했고, 결국 바울과 함께한 인물이죠. 누가는 당대에 헬라파 의사였는데 바울을 알게 되고 그의 전도 여행에 상당 기간 동행했어요. 그래서 훗날 마가는 마가복음, 누가는 누가복음과 사도행전을 기록했죠.

Q : 이런 성경 소설을 통해 우리가 얻을 수 있는 유익이 또 있을까요?

A : 한 대목을 읽어 드릴게요.

군인들은 감옥의 최고책임자이자 감옥장인 퀸투스로부터 특별 지시를 받았다. 퀸투스는 데오빌로 장군과 친척 간이다. 대대로 내려오는 황제들과 가까운 데오빌로 가문은 로마 최고의 전통 있는 명문가로 정치적 명망과 영향력을 끼치고 있었다. 당연히 사회 전반에 걸쳐 인맥이 뻗쳐 있다. (p36. 2~5줄)

이 대목은 역사적으로 확인할 수 있는 것은 아니에요. 하지만, 우리가 성경을 읽을 때 도움을 받을 수 있죠. '아! 이럴 수 있었겠구나.' 이 정도 영향력이 있어야 감옥에서 성경도 기록할 수 있고, 오랫동안 자유로운 면회도 가능했을 것이라고 우리가 생각할 수 있죠.

교회답지 않아 다투는 우리

홍동우 ‖ 지우 ‖ 2023년

A : 혹시 최근에 부부 사이에 다투거나, 자녀들과 다툰 적이 있으세요? 우리는 왜 싸울까요? 제 아이가 5살 때 [마음이]라는 영화에 대해서 같이 이야기한 적이 있어요. 주인공 찬이와 찬이가 기르는 강아지 마음이에 대한 따뜻한 영화인데요. 그때 제가 제 딸아이에게 물었어요. 우리는 왜 서로 다툴까? 그랬더니 딸이 하는 말이 "저는 혈액형이 O이고, 아빠는 A, 엄마는 B라서 그래요. 각각 생각이 다르고 좋아하는 것이 다르니까 당연히 다투는 거죠." 제가 그 말을 듣고 '아하!' 하고 깨달았어요. 우리가 각각 다르니까 다투는 것은 당연하다는 것을요.

Q : 오늘 소개해 주실 책 제목이 『교회답지 않아 다투는 우리』거든요. 두 가지가 들어있는데, 우선 교회답지 않다는 것과 그래서 서로 다툰다는 것입니다. 교회 내 다툼에 대해서 말하는 책이죠?

A : 그렇습니다. 우선 저자가 강조하는 것이 있어요. 교회는 다투는 것이 자연스럽다고 해요. 서로 싸우고 다투는 것이 변수가 아니라, 상수라고 표현합니다. 교회 내에 다툼은 늘 있고, 다툼이 없는 것이 오히려 이상하다고 말하고 있어요.

Q : 이 문장을 자칫 잘못 이해하면 교회는 늘 싸우는 곳이라 받아들일 수 있는데요. 어떤 내용일까요?

A : 교회는 늘 다툼이 있는 것이 정상이라고 말하는 이유는 교회는 다양한 사람이 모여 있기 때문이에요. 성비도 다르고, 나이도 다르고, 직업이나 교육 정도도 다 다르고, 특히 출신 지역도 다르고, 정치적 성향도 다르죠. 그러니 안 다투면 이상한 거죠. 그러니 지나치게 이상적으로 생각하지 말고 교회는 다툼이 있다는 것을 우선 인정하자는 얘기입니다.

Q : 각자가 다르고, 다양한 배경을 가졌으니 다툼은 늘 있다. 하지만 교회는 또 하나 됨을 이루는 곳 아닐까요?

A : 그렇습니다. 하나 됨을 이루는 곳이어야 하죠. 그런데 말 그대로 하나 됨을 이루어 가는 곳이 교회죠. 한순간에 하나가 되는 것은 아니에요. 우선 다툼이나 분쟁이 있다는 것을 인정하자는 것이죠. 제가 섬겼던 교회의 경우에도 교회 야유회를 가는 데 산으로 갈 것인지, 바다로 갈 것인지 간식을 떡으로 할 것인지, 빵으로 할 것인

지를 갖고 서로 이견이 있었어요. 이런 것은 사소한 것이지만, 교회당을 새로 짓는 것이든지, 담임 목사를 청빙하는 등 이런 중차대한 일에는 늘 의견 대립이 있기 마련이죠. 이것을 인정하자는 거예요. 중요한 것은 다툼이 아예 없는 것이 아니라, 다툼을 어떻게 다룰 것인가에 달린 거죠. 다툼이 심해져서 교회가 분열하는 쪽으로 나가면 불행한 것이고, 다툼이 있었으나 서로를 이해하고 더욱 단단하게 되어 가면 좋은 것이지요.

Q : 문제는 갈등이나 다툼이 아니라, 다툼을 해결해 가는 것, 즉 방법에 있다는 말씀이네요.

A : 그렇습니다. 저자 홍동우 목사님은 세 가지 창작 에피소드를 통해 교회 내 갈등 상황을 설명하고 있어요. 세 인물이 등장하는데, 우선 한 때 청년부 리더이자 정말 열심히 교회를 섬겼으나 점점 목사님의 설교에 불만을 느끼면서 비판하는 청년 김호준이고요, 둘째는 대기업 출신으로 목사님의 리더십이 불만인 박세직 집사, 마지막으로 평생 교회를 위해 헌신해 왔으나 은퇴를 한 시점에 자신을 반성하는 현지우 권사입니다.

Q : 젊은이, 중년 그리고 노년의 대표주자들을 상징하는 인물을 만들어 낸 것이네요. 자 그러면 우선 젊은 친구 김호준은 무엇이 불만이었나요?

A : 일단 김호준의 입장에서는 목사님의 설교가 너무 진부하고 시

대에 뒤처져 있다고 생각해요. 어느 날부터인가 설교 말씀이 귀에 안 들리고, 게다가 교회는 마치 자기 삶에 아무런 도움을 줄 수 없는 곳 같은 느낌을 받아요. 가끔 '하나님이 계신 것이긴 한가?' 하는 의심도 들어요. 문제는 이런 내용들을 청년부 후배들에게 자꾸 늘어놓으면서 교회를 비판하고 있다는 점이에요.

Q : 청년으로서는 충분히 공감이 가는 내용이에요. 교회마다 이런 분들 있을 것 같아요. 그럼, 이 친구의 사연에서 무엇이 문제인가요?

A : 저자인 홍동우 목사님은 이 친구의 경우, 신앙의 재구성이 필요하기 때문이라고 했어요. 쉽게 말해서 10대 때 하나님을 믿는 이해 정도와 20대 때가 다르고, 30대는 또 다르다는 것이죠. 왜냐하면 30대가 되었다는 것은 사회생활을 본격적으로 할 때란 말이죠. 그전에는 학교와 교회만 오가면 되었어요. 특별히 신앙의 문제가 발생할 일도 없었고, 신앙이 흔들릴 정도의 일도 없었던 거죠. 그런데 막상 사회로 나가보니 20대 때의 신앙으로는 감당이 안 되었어요. 예전에 우리 선배들도 남성은 군에 가 보면 진짜 신앙인인지 알고, 여성은 결혼하면 알 수 있다는 말을 자주 했어요. 김호준이라는 가상의 청년은 자신이 서 있는 자리가 달라졌고, 자신의 상황이 달라져 있어서 학교 내에서 훈련받던 정도의 신앙으로는 감당이 안 되었던 것이죠.

Q : 그렇죠. 학교 다닐 때는 누가 신앙생활에 대해 뭐라고 하지 않는데,

군에 가면 우선 고참들이 교회를 가라, 가지 말라 명령하는 상황이 펼쳐지니까요. 또 회사 생활을 하면 내가 가지고 있는 신앙은 회사라는 상황에서 별 적용이 안 되는 것 같으니까요.

A : 저자는 김호준이 겪는 상황을 욥이라는 인물을 통해 간접적으로 설명을 합니다. 고난 겪기 전의 욥의 인생은 그야말로 인과응보 같았어요. 순종하면 복을 받고, 불순종하면 고난을 받는 그런 단순한 공식이 들어맞았죠. 하지만 어느 날 고난이 한꺼번에 닥쳐왔을 때 욥은 일대 혼란에 빠졌어요. 자신이 알고 있고 믿어 왔던 시스템이 무너졌으니까요. 선을 행하면 복을 받고, 악을 행하면 벌을 받는 것이 정상인데, 현재 욥은 오히려 의를 행했으나 말할 수 없는 고난의 상황에 처해 있으니까요. 일반적인 법칙이 통하지 않았죠.

Q : 그럼 이 친구의 경우, 아니 욥의 경우 어떻게 해야, 이 상황을 헤쳐 나갈 수 있을까요?

A : 저자의 말을 인용하면, 우선 '신학의 재구성이 필요하다.'입니다. 달리 말하면 '내가 알고 있는 하나님'에서 '내가 알아야 할 하나님'으로의 성장이 필요해요. 욥은 그 전에 단순한 시스템을 믿었습니다. 율법을 지키고 착하게 살면 하나님이 복을 주신다. 이런 것이었죠. 하지만 정작 자신이 율법을 지켰는데, 하나님의 법에 순종했는데 고난이 닥쳐오니 새로운 것이 필요했죠. 무엇보다 하나님은 자신이 생각하는 것보다 훨씬 크신 분이라는 것과 이 세상은 자기가 생

각하는 것보다 더욱 크고 신비롭다는 것을 받아들이는 것이었죠. 욥이 깨달은 것은 세상은 질서정연하게 흘러가는 것이 아니라, 혼돈과 무질서가 가득하다는 것이었어요. 의인이 고난을 받기도 하고, 죄인이 형통하기도 하고. 하지만 욥이 깨달은 것은 그 무질서와 혼돈조차도 하나님의 섭리 안에 있다는 것이죠.

Q : 세상은 내가 알고 있는 것보다 더 넓고 내가 이해하고 있는 것보다 더 복잡하고, 무엇보다 하나님의 섭리와 계획은 무슨 법칙 같은 것이 아니라 때로는 우리가 전혀 이해할 수 없는 것도 있다는 말씀이죠.

A : 그렇습니다. 그래서 중요한 것은 하나님을 이해하는 것이 아니라 믿는 것이다. 상황을 다 설명하고 이해하는 것이 아니라 이 상황을 통해서 일하실 하나님을 기대하는 것임을 받아들이는 거죠.

Q : 그런데 이쯤에서 김호준 형제의 상황으로 돌아가 보면. 이런 깨달음이 이 형제가 다툼을 극복하는 것에 왜 필요하죠?

A : 교회는 신앙의 수준이 각각 다르고, 믿음의 정도도 다 다르고, 살아온 삶의 환경도 다른 사람들이 공존한다는 것을 우선 이해해야 해요. 김호준의 경우 자신은 성장했을지 몰라도 다른 사람은 아닐 수 있거든요. 그런데 이런 약한 믿음의 사람들이 맘에 안 들었어요. 또한 담임 목사님은 이런 다양한 청중을 향해 설교하고 가르쳐야 하는데, 김호준 형제는 자신에게 필요한 지적이고 수준 높은 설

교를 원했어요. 하나님의 섭리를 자신의 기준에 맞추려다 보니 오해가 되고 그 오해의 말들이 교회 내 불평을 만들었어요. 이런 것을 잘 이해하면 좋겠습니다.

Q : 교회에는 늘 다툼이 있기 마련이라고 했어요. 워낙 다양한 사람이 함께 있으니까요.

A : 그렇습니다. 의견 차이를 인정하는 것이 먼저 필요해요. 그런데 여기서 중요한 것은 틀림이 아니라 다름이라는 것이에요. 달리 말하면 '내가 정답이 아니다'라는 생각을 해야 해요. 신혼 초기에 치약 짜는 것 때문에 싸운다고 하잖아요. 남편은 아래에서부터 짜고, 아내는 편하게 짜서 쓰면 된다고 하는 별거 아닌 것으로 다툼이 일어난단 말이에요. 그런데 여기서 핵심은 치약이 아니라 내가 가진 생각이 정답이라는 자존심 혹은 주도권 싸움이에요. 이걸 내려놓는 것이 핵심이지요. 십자가를 진다고 할 때 우선 이 자존심부터 십자가에 못 박아야 한다고 생각해요.

Q : 자존심을 십자가에 못 박아야 평화가 온다는 말씀이죠?

A : 교회는 그런 곳이죠. 이 책에서는 금산교회의 조덕삼과 이자익의 일화를 소개해요. 기독교 초기에 금산에 양반 조덕삼이라는 사람의 집에 머슴으로 이자익이라는 사람이 있었는데 온 가족이 함께 예수를 믿게 되었어요. 그러다 교회에서 장로 투표를 했는데 글

쎄 머슴이었던 이자익이 조덕삼을 제치고 선출되었죠. 조덕삼은 이자익을 장로로 후에는 담임목사로 잘 섬겼어요. 자존심을 십자가에 못 박은 삶이란 바로 이런 것이죠.

Q : 네 맞습니다. 지금까지 『교회답지 않아 다투는 우리』를 통해 이런저런 이야기를 했는데요. 그러면 거꾸로 교회답다는 것은 무엇일까요?

A : 이 책 저자도 강조하는 부분인데요. 우리 모두 연약한 자들이라는 것을 인정하자고 말하고 싶어요. 주도권 싸움이 아니라 나 자신과의 싸움 그리고 나를 내어주는 방식으로 상대방을 높이는 것이 교회다. 나보다 남을 낫게 여기고 서로 돌아보라고 하셨어요. 어떤 지체가 불평이나 불만 등을 이야기하면 그 현상 너머에 저분의 내면에는 무엇이 필요할까라고 생각하고 기도해야죠.

래리 크랩이 쓴 『결혼 건축가』라는 책을 보면, 남편과 아내가 각각 예수님으로 충만해지고 예수님 안에서 자라갈 때 각자의 차이는 줄어들고 공통점은 늘어가기 때문에 다툼도 줄어든다고 했어요. 교회도 마찬가지 아닐까요? 우리 각자가 예수님을 더 알아가고 예수님을 더 닮아갈 때 차이는 최소화되고 하나 됨은 더 깊어질 거예요. 우리 모두 그런 교회를 소망하니까요.

우리 시대 평신도 5인의 분투하는 성경 읽기

읽다 살다

권일한 외 4인 ‖ 잉클링즈 ‖ 2023년

A : 오늘의 책은 『읽다 살다』입니다. 이 책의 부제가 있는데요. '우리 시대 평신도 5인의 분투하는 성경 읽기'입니다. 그래서 저자가 권일한, 남기업, 송인수, 정병오, 정한욱 이렇게 5명이에요. 이 저자들이 책을 썼다기보다는 이 책을 구상한 분이 5명을 만나서 인터뷰한 것을 엮은 것이죠.

Q : 평신도 5인의 분투하는 성경 읽기. 그래서 제목이 『읽다 살다』이군요. 성경을 읽고 성경대로 살아가는 다섯 명을 만나는 것이면 5명은 어떤 분인가요?

A : 책 표지를 넘기면 다섯 분에 대한 소개가 간략하게 적혀 있어요. 우선 권일한 님은 학교 교사입니다. 교사로서 30년 동안 꾸준히 성경을 읽고 묵상한 것을 기록해 오신 분이고요, 남기업 님은 정치

를 전공하신 분으로 토지 정의 연구소 소장으로 계시고, 송인수 님 역시 오랫동안 교직에 몸담고 있다가 사교육 없는 세상을 꿈꾸며 그 일을 하고 계시고, 정병오 님도 교사이신데 공립형 대안학교인 오디세이학교에서 근무하고 계세요. 마지막으로 정한욱 님은 안과 전문의로 꾸준히 성경을 읽고 묵상 글을 써 오신 분이시고요.

Q : 교사, 의사, 시민 활동가 등 다양한 직업을 가지신 분들이네요. 공통점은 오랫동안 성경을 꾸준히 읽으셨고, 또 묵상 글을 써 오셨고요. 이 다섯 분은 우리 '책소목'의 취지와 딱 맞는 분이네요. 성경도 열심히 묵상하시고, 신앙 서적도 꾸준히 읽으시고요.

A : 그죠?. 우리가 종교개혁을 말할 때, 성경을 평신도에게 돌려준 것이라 하거든요. 당시 중세 시대의 성경은 라틴어, 히브리어, 헬라어로 쓰였으니까 어려워서 일반 성도들은 읽지 못했어요. 그래서 성경은 사제들의 전유물이었어요. 그런데 마침 독일에서 인쇄기가 발명되고, 마틴 루터 같은 분들의 노력으로 자국의 언어로 성경을 번역하고 출판해 냈어요. 그래서 일반인이 성경을 읽을 수 있게 되어 진리를 좀 더 명확하게 알게 되었고, 이런 것이 도화선이 되어 종교개혁이 일어난 거예요. 그런데 이 책은 제2의 종교 개혁적 시도라 할 수 있을 것 같아요. 성경을 읽을 뿐 아니라 스스로 해석하고 또 해석한 대로 살아내려고 애쓰신 분들이니까요.

Q : 종교개혁의 취지는 평신도들이 성경을 열심히 읽고 또 성경대로 살

아내는 것이겠네요. 이 책에서 소개하는 다섯 명의 공동 저자도 그런 분이고요.

A : 이 책의 서문을 쓰신 박영호 목사님은 이렇게 말씀하셨어요.

실천의 장에서 겪은 일들이 성경을 더 깊이 보게 만들고, 성경에서 확인한 진리가 실천의 장으로 삶을 내모는 '해석학적 순환'이 일어납니다. 책의 제목대로 '읽다'와 '살다'가 서로를 세워주는 것입니다. (p8. 7~10줄)

성경을 제대로 읽으면 삶을 제대로 살아낸다는 뜻이죠. 박영호 목사님은 이 책을 한국 교계의 성장 기록이라고 하셨어요. 목사님들뿐 아니라 평신도들이 성경을 읽되 깊이 읽고 해석했다는 점에서 성장했다고 평하신 거죠.

Q : 목사님, 읽다와 살다가 서로를 세워준다. 그러니까 읽는 것과 사는 것은 함께 간다는 것이잖아요. 성경을 바로 읽으면 바로 살게 된다. 이 책에 등장하는 다섯 명은 성경을 그냥 읽은 것이 아니라 성경 말씀을 해석하고 뜻도 찾아보면서 읽었다는 말씀이네요?

A : 네, 첫 번째 인터뷰하신 권일한 선생님의 일화를 보면, 이분이 마가복음 1장을 묵상하는 장면을 기록하셨어요. 베드로의 집에서 예수님이 베드로의 장모를 고쳐주시는 장면이에요. 그런데 권일한 선생님은 '저물어 해 질 때'라는 구절이 자꾸 눈에 들어왔다는 거죠. 그래서 스스로에게 질문을 던지고 그 의미가 무엇일지 생각했

다고 해요. 그러다 깨달은 거죠. 제가 그 구절을 읽어 볼게요.

사람들은 왜 저물어 해 질 때 왔을까요? 요즘처럼 가로등이나 손전등이 있는 것도 아니고, 깜깜한 밤에 횃불도 들고 환자도 부축하려면 힘들 텐데 말입니다. 바로 이날이 안식일이어서 그래요. 안식일 규정 때문에 예수님께 빨리 가고 싶은데 그러지 못한 거예요. 해가 지기를 기다리는 마음, '안식일 언제 끝나나?'하고 기다리는 그 마음이 너무 슬프겠다는 생각이 들어서 오랫동안 제 마음에 남는 말씀이 되었습니다. (p25. 3~11줄)

Q : 그러네요. 당시 바리새파나 서기관들은 안식일에 일하지 말라고 했고, 병도 고치지 말라고 했으니까, 사람들이 안식일 낮이 지나고 밤이 되기를 기다렸다가 예수님께 온 것이군요. 이런 묵상을 해냈다는 것이 참 놀라워요. 오랫동안 묵상하고 훈련한 결과겠죠?

A : 물론, 권일한 선생님은 그렇게 하셨을 거예요. 그러면서 동시에 권일한 선생님이 강조하시는 것이 있는데 31페이지에서 이렇게 말해요.

성도들이 목사님들보다 부족할 수는 있지만, 기본적인 수준에서는 다 읽고 해석할 수 있다고 생각합니다. (p31. 9~10줄)

저도 이 말씀에 동의해요. 성경은 누구라도 읽을 수 있는 문체로 쓰였거든요. 신약성경은 원래 헬라어로 쓰였잖아요. 그런데 당시 헬라어도 두 종류가 있었거든요. 철학자들이 사용하는 헬라어가 있었고, 일반인들이 사용하는 소위 시장 언어 헬라어가 있었어요. 그런데 성경은 시장 헬라어로 쓰였어요. 성령께서 누구든지 읽고 깨달을 수 있도록 쉬운 언어로 쓰게 하신 거예요. 그것도 하나님의 사랑이자 배려죠.

Q : 누구나 읽고 깨달을 수 있도록 하나님은 쉬운 언어로 성경을 쓰셨다. 오늘 저도 이런 사실 처음 알았어요.

A : 성경은 이야기 구조가 많거든요. 요즘 좀 어려운 말로 내러티브라 하는데 성경은 그냥 이야기에요. 예수님도 이야기를 많이 하셨잖아요. 그러니 사람들이 다 알아들었죠. 권일한 선생님도 이 책에서 그렇게 말씀하셨어요. 자신은 성경이 이야기라고 생각해서 아이들에게 아브라함 이야기, 예수님 이야기를 많이 해 주신다고 해요. 그걸 뭘 신학적으로 이러고저러고 억지로 해석할 필요 없잖아요. 그것이 이 책의 장점인 것 같아요.

Q : 이야기가 가지는 힘, 이야기를 듣고 읽고 살아가는 힘 그것이 이 책의 장점이네요?

A : 두 번째 인터뷰하신 남기업 소장님이 그런 경우인데요. 이분은 제가 개인적으로 5년 전쯤에 토마 피케티 강독회에서 알게 된 분입니다. 이분은 성경을 읽고 성경대로 살아야 한다는 것을 실천하신 분으로 아파트 문제가 우리 사회의 큰 불로소득이라고 보시고 아파트 주민 대표에 입후보하셨어요. 마침, 그 아파트가 재건축 대상이었는데 이분이 보니 비리들이 너무 많았데요. 주민 대표다 보니 웃

돈이 들어오고 목 좋은 호수 제안도 있었데요. 그런데 하나님 말씀이 자꾸 마음에서 움직이니 견딜 수 없었어요. 그래서 온갖 유혹과 비리 구조를 근절하셨어요. 물론 그것 때문에 다른 사람들에게 험담도 듣고 고소도 당하고 그랬지만요.

Q : 대단하시네요. 어쨌든 말씀대로 살아내려고 애쓰신 분이시고, 말씀을 제대로 묵상하니까 그 말씀대로 살아가야 하는 또 그런 것이 진짜 그리스도인이다. 오늘의 핵심이네요.

A : 맞습니다. 우리는 말씀의 사람이에요. 우선 말씀을 바로 읽고, 바로 묵상하고, 그리고 바르게 살아가고, 이런 선순환의 사람들을 이 책 『읽다 살다』에서 만나 보시길 바랍니다.

Q : 계속 『읽다 살다』 책 이야기를 이어 가 보겠습니다. 이 책의 세 번째 저자는 송인수 선생님입니다.

A : 네 송인수 선생님의 내용 중에서 우선 이분은 신자들을 해석하는 공동체라고 정의하셨어요. 이 말에는 중요한 의미가 들어있어요. 신자들이 주일에 교회에 와서 피동적으로 설교를 듣기만 하는 자가 아니라, 함께 본문을 읽고 함께 해석하는 존재가 되어야 한다고 강조했어요. 목회자의 역할에 대해서도 누구보다 성경 말씀을 깊이 묵상하고 해석하고 또 살아내는 본을 보이는 사람이라고 강조했어요. 그래서 성도들을 깨우는 목회자가 되어야 하지 않겠느냐고 하

세요. 저도 한 사람의 목회자로서 이 부분에서 따끔했습니다.

Q : 해석하는 공동체라는 부분에서 성경을 함께 읽고 고민하는 시간에 대해서 많이 강조했던 것 같아요. 수동적 신자가 아니라 적극적 참여자로 자리매김해야 한다고 하셨거든요.

A : 맞습니다. 그렇게 할 때 성도들이 말씀의 맛을 알게 되고, 말씀에 따라 살아갈 힘을 얻는다고 했죠. 자신의 경험을 근거로 목사님들의 설교를 듣고 깨닫는 경우도 있지만, 직접 묵상하면서 깨달은 말씀은 절대 잊어버리지 않는다고 하셨어요. 그리고 그렇게 할 때 예언자적 삶을 살아낼 수 있다고 하셨죠. 사람을 살리는 의사, 억울한 사람을 대변하는 법조인, 약하고 무능한 제자를 보살피는 교사 등에 대해서 그런 삶은 말씀 묵상에서 나온다고 하셨어요.

Q : 일주일에 설교 한 편 듣고 제대로 살아간다는 것은 어려운 것 같아요. 스스로 매일 말씀을 읽고 묵상하는 훈련이 중요하다는 것을 이 책을 통해 계속 도전 받고 있습니다. 네 번째 저자는 정병오 선생님이세요.

A : 정병오 선생님이 인터뷰 한 말씀 중에 핵심이 이런 것이었어요. 제가 읽어 볼게요.

제가 늘 사용하는 표현을 쓰자면, 목회자는 주로 연역적으로 접근하는 사람이고 평신도는 귀납적으로 접근하는 사람입니다. 그래서 목회자는 말씀에서 시작하지만, 평신도는 현장에서 시작하는 겁니다. (p130, 18~21줄)

Q : 목회자는 연역적인데 평신도는 귀납적이다. 어려워요. 쉽게 설명해 주시면요?

A : 정병오 선생님이 책에서 설명해 주고 있어요. 이를테면 결혼해서 배우자와 살아가는 관계에서 때로는 어려움을 당하죠. 아이를 양육하면서 자기 한계에 절망하기도 하고, 직장 생활을 하면서 여러 가지 문제에 부딪히기도 하고요. 이렇게 살아가면서 구체적으로 겪는 일을 고민하고, 기도하고, 말씀을 찾고 듣고자 한다는 거죠. 삶의 고민에서 말씀을 갈망하고 또 말씀에서 삶의 고민을 해결하고.

Q : 네. 그리고 정병오 선생님은 성경을 읽을 때 맥락을 알아야 성경을 제대로 이해할 수 있다고 '맥락'을 강조하셨어요.

A : 맞습니다. 정병오 선생님이 특별히 강조하신 것은 성경 전체의 흐름, 성경 전체의 맥락을 잘 이해하자고 했어요. 그것은 곧 하나님의 구원하시는 거대한 스토리라고 했죠. 성경은 오랜 기간 기록된 것이지만, 전체적으로 하나님의 구원 이야기죠. 그러니 어떤 한 본문, 한 부분에 너무 얽매이지 말고, 성경 전체가 구원 이야기라는 것을 숙지하자. 그리고 나 또한 그 이야기 속의 한 부분이니까 하나님을 제대로 믿고 살아가자고 했어요. 저도 자주 하는 말이에요. 영국 신학자 톰 라이트도 성경은 거대한 하나님의 드라마라고 했어요. 감독은 하나님이시고, 구약에 등장하는 주인공들은 아브라함,

모세, 다윗, 다니엘 등이고, 신약에서는 베드로, 바울, 등이지요. 그리고 지금 하나님의 주인공은 우리들입니다. 성경은 드라마의 대본이라고 하면 될까요?

Q : 그러고 보니 목사님께서 책 사인해 주실 때, 이렇게 쓰시는 것을 보았어요. '하나님의 주인공 누구누구에게 … 당신의 삶을 살아가세요.'라고요. 이런 맥락인 거죠?

A : 맞습니다. 우리가 하나님의 주인공들이에요. 마지막 저자는 정한욱 선생님이에요. 이분은 성경 해석을 환대의 관점에서 하셨어요. 제가 읽어 볼게요.

레티 러셀은 『공정한 환대』에서 '환대란 세상을 치유하고 정의를 실현하기 위해 차이를 넘어 낯선 자들과 연대함으로써 하나님의 환영을 실천하는 일이며, 이야말로 성경 메시지의 근본이자 기독교 영성의 핵심'이라고 말합니다. (p177, 16~19 줄)

그러면서 정한욱 선생님은 성경을 읽는 이유가 교리를 강화하기 위해서가 아니라, 지금 여기에서 올바른 실천을 하기 위함이라고 강조하죠. 그리고 그 실천의 핵심은 환대고요.

Q : 성경을 읽는 이유는 실천에 있고, 실천의 핵심은 환대다.

A : 네, 성경에서는 자주 고아와 과부, 나그네를 대접하라고 했잖아요. 예수님도 당연히 그렇게 하셨고 제자들도 배고픈 자 먹이고 헐

벗은 자 입히는 일을 했죠. 당연히 오늘날 교회가 성경을 제대로 읽어내는 것은 이렇게 먹이고, 입히고, 치유하는 것이어야 해요. 성경 지식을 가득 쌓아서 그것으로 타인을 정죄하는 것이야말로 최악의 성경 읽기 아닐까 싶어요.

경이라는 세계

이종태 || 복 있는 사람|| 2023년

A : 미국의 저명한 신학자 마크 놀이라는 사람은 오늘날 교회는, 혹은 교인들은 지성을 잃어버려서 아무것이나 믿고 있다고 오래전에 이런 말을 했어요. 안타까운 마음으로 하신 지적인데요. 예전 사도 바울이 하신 말씀과 맥을 같이 하고 있어요. "너희가 장성한 사람이 되어야 하는데 여전히 어린 애 같은 수준에 있어서 단단한 음식을 먹지 못하고 젖만 먹고 있다."라고 한탄하셨잖아요. 뭐랄까. 이 시간을 통해 생각하는 그리스도인, 분별력을 기르는 그리스도인, 세상을 보는 안목을 키우는 그리스도인이 되었으면 해요.

Q : 생각하는 그리스도인, 그냥 믿는 것이 아니라 바르게 믿는 것이 중요하다는 말씀 기억합니다. 우리가 단순히 열심을 내는 것이 아니라 바른 일에, 바른 신앙에 열심을 내어야 할 것 같아요. 그래서 오늘 열어줄 책은 어떤 것인가요?

A : 이종태 목사님이 쓰신 『경이라는 세계』입니다.

Q : 『경이라는 세계』 제목이 흥미로워요. 여기서 말하는 경이는 무엇인가요?

A : 경이! 뭐랄까? 놀라움, 신비, 감격 그렇게 말할 수 있겠죠. 한라산 백록담에서 세상을 바라볼 때 느끼는 감정, 서귀포 해안 절벽에서 바다를 바라볼 때 느끼는 심정 그런 것이요. 아름답고 놀라운 장면을 경험했을 때 느끼는 그런 심정을 경이라 할 수 있겠죠. 영어로는 'wonder, wonderful'이라고 하죠.

Q : 아, 그런 뜻이군요. 나이아가라 폭포 같은 것을 보았을 때, 그랜드캐년 앞에서 느끼는 감정, 이런 것이라 할 수 있겠네요.

A : 맞습니다. 저 같은 경우 20여 년 전 제 아내를 처음 만났을 때 느꼈던 그런 감정인 거죠.

Q : 아~ 목사님, 오늘 또 한 건 해 주셨어요. 그런 목사님이 경이롭네요. 자, 그럼 제목을 설명해 주셨는데, 이 책이 말하고자 하는 것은 무엇인가요?

A : 한마디로 말하면 '현대인은 이런 경이를 잃어버렸다. 너무나 현실적으로 되었다. 그런데 신앙은 경이로 가득 찬 무엇이다. 그러니

경이를 되찾아보자.' 이런 내용이에요. 독일의 위대한 종교학자 루돌프 오토라는 사람이 한 말이 있는데요. 그는 종교적 경험을 독일어로 '누미나제'라고 했어요. 어떤 놀라움, 신비, 경이라는 것이죠. 하나님은 우리의 수준을 훨씬 넘어 계시는 분이에요. 하나님을 믿는 우리가 하나님을 만나거나 경험할 때 당연히 놀라움과 경이, 신비를 체험해야 마땅한 것이죠. 하지만 현대 기독교인들은 이런 것을 상실한 채 지극히 상식적이고 일반적인 것에 만족하고 있는 셈이죠.

Q : 하나님은 놀라우신 분이니 우리가 그 하나님을 만나는 것도 놀라움과 신비, 즉 경이로 가득 있어야 한다는 말인 것 같아요. 그러면 왜 우리가 이런 경이를 잃어버린 것일까요? 저자는 그 이유를 무엇으로 설명하나요?

A : 일차적 원인은 계몽주의자들의 영향이에요. 계몽주의, 들어보셨을 거예요. 17세기부터 일어난 학문적 풍토인데 계몽이라는 말은 영어로 'enlightment'라고 해요. 빛을 비춘다는 뜻이죠. 유명한 계몽주의자 볼테르 같은 사람은 중세를 '암흑기'라고 했어요. 그리고 자신들은 '암흑기'를 살아가는 당시 사람들에게 빛을 비추는 자들이라고 주장했던 거죠.

Q : 목사님, 조금 쉽게 설명해 주시면 좋겠어요.

A : 이들은 중세를 종교에 눈이 어두워진 시기라고 주장했어요. 쉽게 말하면 생각하지 않고 그냥 믿는 자들, 맹목적으로 믿는 자들, 주술이나 마법 같은 것에 빠진 자들이라고 신앙을 공격했어요. 그래서 자신들은 지식이나 수학, 과학 같은 명료한 지식으로 세상을 바로 보겠다고 했어요. 한발 더 나아가면 수학이나 과학으로 증명되지 않는 것은 진리가 아니므로 믿지 못하겠다고 한 것이죠. 그러니 자신들이 볼 때 하나님의 천지창조, 예수님의 부활 같은 것은 믿지 못하겠다. 왜냐하면 상식적이나 과학적으로 말이 안 되니까요.

Q : 아~ 그런 것이 일종의 계몽주의자들이 한 일이군요. 그런데 그들이 한 것이 왜 우리에게 영향을 미친 것일까요? 우리는 하나님을 믿고 있잖아요?

A : 맞습니다. 우리는 당연히 하나님을 믿고 기적도 믿습니다. 문제는 이런 계몽주의, 과학주의의 생각과 주장이 우리의 삶에 깊숙이 들어와 있다는 점이에요. 그러다 보니 우리 또한 감각적이고 현실적인 것, 내가 이해할 수 있는 어떤 것, 내가 경험할 수 있는 어떤 것, 내 상식에 반하지 않는 어떤 것을 믿으려는 경향이 있게 된 것이죠. 그래서 신앙생활은 하는 데 지극히 상식적인 것만 믿고 있다는 것이죠. 하나님을 만나는 놀라운 경험, 신비로운 경험을 추구하지 않게 된 것이죠.

Q : 아, 무슨 뜻인지 알겠어요. 달리 표현하면 지극히 상식적인 수준에서 신앙생활을 하고 있다는 말씀인 거죠. 내가 믿을 수 있는 것만 믿으면서요.

A : 그렇습니다. 이 책의 저자는 C.S. 루이스를 자주 인용하는데요. 이 책에 나오지 않는 그의 말을 인용하자면 "현대의 그리스도인들은 너무 쉽게 만족하는 경향이 있어서 바닷가로 나갈 생각을 하지 않고 동네 물웅덩이에서 놀면서 만족하는 어린아이들과 비슷하다."라고 했어요. 더 넓은 세계, 더 높고 깊은 세계가 있는데 가려 하지 않는다는 거예요. 이를테면 새별오름에 올라가서 풍경을 바라보는 것도 좋지만, 백록담 정상에서 바라보는 풍경과는 비교할 수 없잖아요. 하지만 새별오름 정도에 만족하는 거죠. 왜요? 올라가는 것이 힘드니까.

Q : 맞습니다. 그건 비교 불가죠. 하지만 백록담에서 보려면 올라가야 하고 그건 힘드니까 대충 만족하는데, 신앙생활도 그렇다는 것이잖아요. 하나님의 넓고 깊은 세계, 영성의 더 높은 단계로 가지 않고 현재에 만족한다. 이런 뜻이죠? 그럼, 우리가 더 넓고 깊은 영성의 세계로 나가려면 어떻게 해야 할까요?

A : 저자가 강조하는 첫 번째 방식은 의미를 찾는 것이에요. 잃어버린 삶의 의미를 찾아야 한다고 강조하는데요. 예를 들면 이런 것입니다. 예전 사람들은 별을 바라보면서 꿈과 이상 또는 세상을 주관

하는 신들을 생각했어요. 하지만 과학이 발달하면서 '별은 가스 덩어리일 뿐이야.' 이렇게 된 것이죠. 또 하늘을 바라보면서 하나님의 보좌를 생각했는데 '하늘은 그저 대기권일 뿐이야.' '하늘이 파랗게 보이는 이유는 빛의 굴절 때문이야.' 이런 식으로 된 것이죠. 이처럼 우리 삶에 경이가 사라졌어요. 우리는 다시 경이를 찾아야 하는데 무지개를 보면서 '빛의 스펙트럼이야.'라고 말하는 것이 아니라, 우리를 향한 하나님의 언약을 기억하고, 별을 바라보면서 아브라함에게 주신 언약을 기억하고, 한라산을 바라보면서 자연을 지으신 하나님을 찬송하고 …. 이런 식으로 의미를 되찾아야 하는 거죠.

Q : 의미의 발견, 자연을 바라보며 단순히 과학적이고 생물학적인 가르침이 아니라, 하나님의 언약, 창조의 신비를 발견하자는 것이네요.

A : 그렇습니다. 우리가 잘 아는 찬양 중에 '주 하나님 지으신 모든 세계'가 있는데요. '주 하나님 지으신 모든 세계 내 마음속에 그리어 볼 때, 하늘의 별 울려 퍼지는 뇌성 주님의 권능 우주에 찼네. 주님의 높고 위대하심을 내 영혼이 찬양하네, 주님의 높고 위대하심을 내 영혼이 찬양하네.'

우리가 그렇게 자연에게 시선을 돌릴 때 하나님의 창조 신비를 알게 되는 것이죠. 자연을 하나님의 창조, 하나님의 세계로 보는 안목이 생겨요. 하지만 자연을 단순히 차가운 과학적 실험의 대상으로 볼 때 어떤 현상이 일어나는가? 파괴와 난개발이 일어나는 것이죠.

한 번씩 육지에 다녀올 때 날 좋은 날 비행기에서 제주 전역이 보일 때 있잖아요. 최근 부쩍 난개발이 심해진 것 같은 느낌을 받아요. 산 중턱에 건물들이 들어서 있는 거예요. 이런 것이 자연을 창조물로 보지 않은 결과, 즉 경이를 상실한 결과라고 봅니다.

Q : 세상을 하나님의 창조 관점으로 보지 못할 때 이런 난개발, 자연 파괴가 일어난다는 것이죠? 그런데 결국 그런 것이 우리 인간에게 되돌아오잖아요. 이상 기후도 그렇고, 오염으로 인간이 어려움을 겪게 되고요.

A : 맞습니다. 사도 바울이 로마서에서 일찍이 말했듯이 피조물이 신음하는 현상이죠. 따라서 피조물도 예수님의 구원을 기대하는 것이죠. 우리는 구원을 넓은 의미에서 해석할 필요가 있어요. 단순히 개인의 구원, 즉 내가 예수 믿고 천국 가는 것, 그것을 넘어서야 해요. 나뿐 아니라 하나님이 창조하신 세상을 아름답게 유지하고 회복시키는 것도 넓은 의미에서 구원이에요. 하나님이 만드신 세상이니까요. 사회도 마찬가지고요. 그래서 경이를 회복한다는 것은 곧 우리 사회를 경이와 감동이 있는 곳으로 바꿔 나가는 것이라 볼 수 있죠.

Q : 사회를 경이와 감동이 있는 곳으로 바꿔가야 한다. 맞는 말인데요. 어떻게 하면 이런 것들을 실천할 수 있을까요?

A : 저자는 '따뜻한 눈'을 강조합니다. '따뜻한 시선'이라 할 수 있겠

죠? 자연도 따뜻한 시선으로 바라보고, 사람도 그렇게 바라보라고 했어요. 전 가끔 담벼락 아래의 작은 꽃들을 유심히 보거든요. 프랑스어로 '쁘띠 쁠라워'라고 하더군요. 이름은 모르는데 작은 꽃들이 얼마나 예쁜지 몰라요. 그런 것을 볼 수 있는 시선을 가져야 하죠.

Q : 그런 시선은 그런 마음에서 나오는 것이겠죠?

A : 당연해요. 결국 우리가 예수님을 믿는다는 것은 예수님을 내 마음에 모시고 산다는 것이고 그러면 당연히 예수님의 마음을 가지게 될 것이잖아요. 예수님의 마음이 있으면 예수님의 시선을 가지게 되고요. 예수님처럼 세상을 아름답게 보게 되는 거죠. 들판에 핀 꽃들이 솔로몬의 옷보다 더 아름답게 보이고, 하늘을 나는 작은 새가 귀하게 보이는 거죠. 이런 것이 경이를 회복하는 것이라 할 수 있죠.

Q : 그럼 목사님, 반대로 일상에서 경이를 상실하게 만드는 것은 '차가운 시선'이라 할 수 있을까요?

A : 잘 보셨어요. 저자도 강조하는 부분입니다. 달리 말하면 '과학주의'라는 것이에요. 모든 사물을 과학적으로 분석하고 낱낱이 쪼개는 일을 말하죠. 예를 들면 이런 것인데요. 인간을 이야기할 때 산소가 25%, 탄소가 9.5%, 수소가 6.3%, 질소가 1.4%, 산소와 수소가 합쳐진 물이 몇 퍼센트, 미네랄이 몇 퍼센트 이런 식으로 분석

하는 거죠. 인간이란 단순히 원소의 합 이상이 안 되는 거예요. C.S. 루이스는 이런 것을 '인간 폐지'라고 했어요. 인간을 폐지하고 해체하는 것이죠. 그게 무슨 인간이에요? 이런 것이 차가운 과학의 시선인 거죠.

Q : 차가운 과학의 시선을 넘어서려면 어떻게 해야 할까요?

A : 제가 좋아하는 물리학자인 존 폴킹혼이 말했어요. "주전자에 물이 끓는 이유는 가스가 연소해서 생기는 열의 발생뿐 아니라, 내가 커피를 마시고 싶기 때문이다." 이해가 되죠? 단순히 과학적 사실만 있는 것이 아니라, 세상에는 의미도 있는 거예요. 내가 커피를 마시고 싶은 동기가 있기에 과학적 사실인 연소가 발생하는 거죠. 이 두 가지를 보는 눈을 가져야 해요. 어떤 과학자는 베토벤의 소나타를 음의 파동으로 일일이 분석했다고 해요. 그것은 음악이 아니잖아요. 음악은 내가 느끼는 것이죠. 월광 소나타를 들으면서 잔잔한 호수에 비치는 달빛을 생각하는 것이죠. 우리에게 그런 시선이 필요합니다.

Q : 베토벤의 소나타 말씀하니까 듣고 싶긴 하네요. 우리도 한번 느껴볼까요? 아, 물론 커피도 한잔하면서요.

A : 그렇습니다. 저자가 또 하나 강조하는 것이 있는데요. 과학주의의 한계를 인식하자는 것인데 우리는 은연중에 과학과 기술이 우

리의 모든 문제를 다 해결해 주고, 우리의 지적 목마름을 다 해결해 줄 수 있다고 생각해요. 하지만, 이 세상은 과학으로 풀 수 없는 것이 여전히 넘쳐나죠. 예를 들면 내가 누군가를 사랑하는 것을 과학으로 풀 수 있을까요? 무슨 호르몬이 어쩌고저쩌고 그렇게 설명할 수 있을까요? 내가 누군가를 사랑하는 것은 일종의 신비에요. 또 어떤 의미에서 나는 여전히 아내의 마음을 잘 모르겠어요. 그걸 어떻게 완벽하게 알겠어요? 요즘 젊은이들이 주로 하는 MBTI 같은 것으로 상대방을 다 분석할 수 있나요? 아니에요. 신비죠. 그래서 신비는 신비로 남겨둘 필요가 있어요.

Q : 신비를 신비로 남겨둘 필요가 있다. 그것이 경이와 어떤 상관이 있을까요?

A : 흔히 내가 다 안다고 생각하면 그 순간 경이는 사라지게 됩니다. 내가 아는 것이니까요. 하지만 내가 다 알 수 없는 것은 경이롭지요. 일찍이 철학자 소크라테스는 너 자신을 알라고 가르쳤잖아요. 사실 그 말은 신전 문에 적혀 있었던 것이라고 해요. 여기서 너 자신을 알아야 한다는 것은 내가 얼마나 모르는 지, 내가 얼마나 무지한지를 알아야 한다는 뜻이에요. 그래야 배우려 하니까요. 스승 앞에서 내가 얼마나 무지한지를 알아야 물어보고 배우려 할 것 아네요? 신 앞에서 내가 얼마나 모르는가를 자각해야 경배하고 예배할 것이잖아요. 그러니 내가 모르는 부분을 남겨 놓는 것이 필요해요. 그래야 믿고 의지하고 예배하죠. 사실, 우리는 하나님을 잘

몰라요. 인간이 하나님을 어떻게 다 알겠어요? 하나님을 모르니 엎드려 예배하고, 하나님을 다 모르니 그분은 경이로운 거죠. 따라서 경이는 달리 말하면 겸손한 자가 발견하는 것입니다.

Q : 하나님 앞에서의 겸손, 우리가 하나님을 다 알 수 없으니, 경이를 표하는 것, 중요한 사실을 배우게 되네요. 사람들 사이에서도 마찬가지인 것 같아요. 내가 모르는 것을 척척 아는 사람들은 경이롭거든요.

A : 저자는 그런 부분들을 발견하라고 강조해요. 저자의 말을 빌리면 '성서적 세계관'인데요. 성찬을 예로 들면 우리가 세례를 받거나 성찬에 참여할 때 단지 빵이고 포도주일 뿐이잖아요. 그런데 우리는 기도하면서 그것이 예수님의 몸과 피를 의미한다고 믿어요. 그리고 예수님의 몸에 참여한다고 믿죠. 그런 것이 성서적 세계관이고 눈이에요. 어떤 것을 볼 때 예수님의 관점에서 보는 것이죠. 좀 전에도 말했지만, 들에 핀 작은 꽃을 볼 때 그 꽃을 만드신 하나님을 생각하고, 큰 바위를 볼 때 그 바위의 창조자이신 하나님을 연상하고, 무엇보다 우리가 사람을 대할 때 그 사람을 창조하신 하나님을 기억하는 것이 성서적 세계관이죠. 그리할 때 우리의 삶은 놀람과 경이로 가득하게 되죠. 기어다니던 아기가 혼자 일어서서 걸을 때 얼마나 대견해요. 경이롭잖아요.

Q : 세상은 경이와 놀람으로 가득 차 있다. 『경이라는 세계』를 통해 이 시간이 경이로워지는 것 같아요.

A : 저자가 책 말미에 쓴 문장이에요.

진짜 신을 만난다는 것은 신이 난다는 것이기 때문입니다. 신이 난다면 진짜 신을 만난 것입니다.

우리가 경이로운 하나님을 만나서 경이로운 시각을 가지고 세상을 바라보면 신나는 일이 많아진다는 것이에요. 세상이 축제의 장으로 바뀌는 것이죠. 우리가 믿음 생활을 하면 신나야 해요. 신명 나는 세상이 되어야 하죠. 세상이 경이와 놀람으로 가득 차 있으니까요. 그런데 거짓과 폭력으로 가득 찬 미디어가 이런 것을 방해해요. 뉴스 그만 보고, 학생들은 게임 그만하고, 어른들은 드라마 좀 끊고 하나님의 말씀으로 무장해서 신나는 삶을 살면 좋겠습니다.

하나님이 당신의 삶에 들어오실 때

틈입하시는 하나님

제임스 에드워즈 || 이지혜 옮김

|| 성서유니온 ||2024년

Q : 하나님은 이름이 있나요?

A : 정확히 말하면 하나님은 이름이 없어요. 출애굽기 3장 14절에서 모세가 하나님의 이름을 묻잖아요? 그때 하나님은 왜 이름을 묻느냐? 이름이 없고 그냥 존재하는 자라고 말씀해 주셨어요. 그것은 우리가 아는 여호와, 혹은 야훼라는 단어의 뜻이에요. 이건 하나님의 이름이 아니라, 존재하는 자, 혹은 스스로 있는 자라는 뜻이에요.

Q : 아~ 그런 것이었군요. 하나님은 이름이 없으시다. 그냥 존재하시는 분이시라는 말씀이시죠?

A : 그렇습니다. 신학적 용어로 설명하자면, 하나님은 무규정자, 무

한정자라고 할 수 있어요. 어떤 말이나 글로 하나님을 설명할 수 없다는 뜻입니다. 하나님은 인간의 이해를 넘어서는 분이시라는 뜻이죠.

Q : 그렇다면 우리가 하나님을 어떻게 믿고, 어떻게 알 수 있나요? 모르는 채 믿을 수는 없잖아요?

A : 그렇습니다. 우리는 '하나님이 알려 주시는 범위 안에서' 하나님을 알 수 있어요. 우리가 하나님을 다 아는 것이 아니라, 하나님이 알려주시는 정도만 알 수 있다는 뜻이에요. 그래서 오늘은 이런 내용에 대해서 나누고 이런 부분에 관한 책을 소개하려고 해요. 제임스 에드워즈의 『틈입하시는 하나님』이란 책입니다.

Q : 『틈입하시는 하나님』, 책 제목도 생소합니다. 틈입이 어떤 의미일까요?

A : 침입, 침공 그런 뜻으로 쉽게 풀어 설명하면 '우리를 찾아오시는 하나님' 이렇게 말할 수 있어요. 하나님은 하늘에 홀로 계시는 분이 아니라, 우리 인간에게 찾아오시는 분이라는 것이죠. 찾아오셔서 우리와 관계를 맺으시고, 우리를 통해 일을 하시고, 우리를 사랑하시는 분이시다란 뜻입니다. 책 중 한 문장을 읽어 드릴게요.

성경은 우리에게 하나님에 대해 가르쳐준다. 하지만 생존 매뉴얼에서 매듭 묶는 법이나 저체온증 예방법, 나침반 보는 법 등을 알려 주듯 '학습적으로' 가르치는 부분은 많지 않다. 오히려 성경은 세상을 다루시는 하나님에 대한 역사이자 기록 또는 이야기라 할 수 있다. 우리는 단순한 형이상학적 교훈이나 윤리적 교훈보다는 하나님과의 관계를 통해 그분이 어떤 분인지 발견한다. (p13. 17줄~p14. 7줄)

Q : 하나님을 공부하듯이 아는 것이 아니라, 관계를 통해 경험을 통해 안다는 뜻인가요?

A : 맞습니다. 제임스 패커 목사님이 오래전에 하신 말씀인데요. 'knowing about God'과 'knowing God'은 분명히 다르다 하셨어요. 전자는 지식적으로 하나님을 아는 것이라면 후자는 삶으로 하나님을 아는 것이죠. 제가 아내를 안다고 할 때, 이름이 무엇이고, 생년월일이 언제이며, 어떤 학교를 졸업했고. 이런 식으로 아는 것이 아니라 '살아보니 이런 사람이구나!' 하고 아는 것, 하나님을 안다는 것도 그런 것이란 뜻이에요. 그런데 제임스 에드워즈 목사님은 한 가지를 강조하시는데 그것은 우리가 하나님을 찾아 나서는 것이 아니라, 하나님께서 우리를 찾아오신다는 것입니다. 이것이 일반 종교와 확실한 차이죠.

Q : 우리가 하나님을 찾는 것이 아니라, 하나님께서 우리를 찾아오신다. 조금 더 설명해 주시면 좋겠어요.

A : 세상 종교의 특징은 사람이 신을 찾아 나서거나 자신을 찾는 것이죠. 다시말해 공부를 통해서 발견하는 것이란 뜻이죠. 그런데

그건 한계가 있어요. 내가 가진 지식이나 경험, 나의 노력 여하에 따라 전혀 다른 것을 발견할 것이니까요. 자기가 원하는 것을 만드는 것이나 마찬가지예요. 어떤 사람이 간절히 기도해서 돈을 많이 벌었다고 한다면 그 사람은 하나님을 돈 주시는 분으로 생각할 거예요. 또 어떤 사람은 권력을 가졌다고 하면 그 사람의 하나님은 권력자가 되고요. 각자 생각하는 하나님이 되는 것이죠. 어떤 사람은 제주도에 와서 한라산만 보고 갔어요. 그 사람은 제주도에 대해 말할 때 한라산만 이야기할 거예요. 어떤 사람이 제주도에 와서 멋진 카페를 다녀갔다면 그 사람은 카페 이야기만 할 것이고요. 그건 진짜 제주도가 아니라 일부분일 뿐이죠. 그래서 하나님은 우리를 찾아오셨다. 우리에게 틈입하셨다고 저자는 강조합니다.

Q : 우리가 하나님을 잘 못 알 수 있으니 직접 찾아오셔서 자신을 알려주셨다. 이런 뜻인가요? 그렇게 이해하면 될까요?

A : 맞습니다. 저자는 성경에서 그렇게 찾아오신 하나님, 달리 표현하면 찾아오신 하나님을 만난 자들의 증언을 통해 하나님을 알려주고 있어요. 첫 번째 저자가 말하는 사람은 아브라함입니다. 아브라함에게 찾아오신 하나님은 한계에 부딪혔을 때 그 한계를 극복하게 하시는 분으로 그려집니다. 다르게 표현하면 전능하신 분이시죠.

그의 삶은 수수께끼 같았다. 미로에서 막다른 길에 다다랐거나 암중모색을 거듭하는 듯했다. 이 수수께끼가 더 혼란스러운 까닭은 전능자가 모든 일에 신실하셨기 때문이다 … 가장 중요한 한 가지, 곧 약속을 물려받을 아들을 주시겠다는 약속만 제외하고 말이다 ··· 성취되지 못한 하나님의 약속은 늘 아브라함 앞에서 사라지지 않고 그를 절망의 벼랑 끝으로 몰아넣었다. 그의 장막 앞에서 믿음과 절망은 위험할 정도로 가까워 보였다. (p30. 8~16줄)

Q : 한 가지 약속이란, 아들을 주시겠다는 것이죠? 아브라함의 나이 99세가 되도록 성취되지 않았고요. 그래서 거의 포기하다시피 했고요.

A : 그렇습니다. 그런데 그때 하나님은 아브라함에게 찾아오셨죠. 세 명의 나그네 모습으로 오셨어요. 아브라함은 처음에는 하나님인 줄 몰랐어요. 그저 지나가는 나그네인 줄 알았죠. 하지만 그들이 아브라함의 속사정, 즉 아들이 없는데 내년 이맘 때 아들이 있을 것이라고 했을 때 아브라함은 비로소 심상치 않은 분이란 것을 알아챈 거죠. 저자는 재미있는 표현으로 이 장면을 묘사합니다.

감독이 직접 무대에 오르는 이야기를 마주할 때가 있는데, 그 역할이 주인공일 경우는 드물다. 여기서는 이름 없는 세 사람, 나중에는 갈릴리 목수처럼 대체로 미미한 역할이다. 자신을 숨긴 하나님, 위장하신 하나님은 성경에서 반복되는 뜻밖의 발견이요, 신비다. (p32. 9~14줄)

Q : 하나님은 우리를 찾아오시는 데 아브라함에게 그랬던 것처럼 누군지 모를 정도의 역할로 찾아오신다는 말씀이네요. 하나님이 직접 이 땅에 오신 분, 즉 예수님은 갈릴리 시골에 목수로 오셨으니 더욱 알아보지 못했고요.

A : 잘 보셨어요. 마블 영화를 보면 한 가지 특징이 있는데요, 마블 회사의 설립자이자 회장인 스탠 리가 정말 잠깐 카메오로 출연하거든요. 관객들 사이에서 스탠 리 회장 찾기가 한때 유행했었죠. 행인 역할이기도 하고, 버스 승객으로 잠깐 나오기도 하고 그런 식이에요. 하나님도 우리에게 그렇게 나타나신다는 거예요. 그러니 눈을 뜨고 잘 찾아야죠. 하나님은 위대한 정치인이나, 유명인으로 오시지 않는다는 것을 잘 기억해야 해요. 톨스토이의 단편에서 하나님은 구두 수선공으로, 이름 없는 손님으로 찾아오셨던 거죠. 찾아오셔서 그 사람의 삶을 변화시키시죠.

Q : 천국은 어린아이 같아야 한다는 말이 이런 뜻 같아요. 그런데 아브라함에게 찾아오신 하나님은 전능하신 분이라 하셨잖아요.

A : 네, 아브라함의 나이 99세, 사라 나이 90세. 인간적으로 아이를 낳을 수 없는 상황, 인간이 아무리 노력해도 안되는 상황. 그때 하나님이 찾아오셨고, 아이가 태어날 것이라 말씀하셨어요. 만약 아이가 태어난다면 그것은 전적 하나님의 역사임이 증명되는 것이니까요.

인간의 흔들리는 믿음이 아니라 하나님께 구원이 달려 있다는 사실은 말할 수 없는 위안을 준다 … 끈질긴 은혜는 우리가 불가능의 무덤가에서 애도하는 것을 방해하곤 한다. (p39. 9~10줄)

Q : 끈질긴 은혜는 우리가 불가능의 무덤가에서 애도하는 것을 방해하

곤 한다. 포기하지 말라는 말이죠? 우리가 안 된다고 여길 때 하나님은 그때 역사하시는 분이시니까요.

A : 맞습니다. 야구 경기에서도 유명한 말이 있잖아요. 끝날 때까지는 끝난 것이 아니다. 우리 인생의 역전승도 가능한 이야기죠. 우리가 믿음만 붙들고 있으면요. 하나님이 우리 삶에 찾아오시면요. 그러니 절망하지 말고 포기하지 말고 겸손하게 하루를 살아야죠. 위장하신 하나님이 오늘 우리 집에, 우리 직장에 불쑥 나타나실 수 있으니까요.

제임스 에드워즈가 두 번째 주목한 사람은 야곱입니다. 야곱의 인생은 파란만장하죠. 형 에서에게 팥죽으로 장자권을 샀고, 외삼촌 라반의 집에 가서 약 20년 동안 일을 했죠. 그러는 동안 자신도 라반에게 속았어요. 야곱도 라반을 교묘하게 속여서 재산을 늘렸죠. 그러다 고향으로 돌아가는 길에서 형 에서가 400명을 데리고 온다는 소식을 들은 거죠. 야곱 인생의 일대 위기가 찾아온 것이잖아요.

Q : 야곱이 형 에서의 위협 앞에서 어떻게 할 바를 알지 못할 때, 하나님이 찾아오신 것이군요.

A : 그렇습니다. 이번에는 마치 씨름하는 사람처럼 찾아오셨죠. 우리가 창세기를 읽어보면 야곱은 어떤 사람과 밤새도록 씨름했다는 것을 알 수 있어요. 씨름이라고 번역했지만, 레슬링에 가깝고 거의

격투기라고 봐야겠죠. 야곱은 목숨을 걸고 이 씨름에 임했어요. 그런데 이때 야곱의 나이가 몇 살쯤 되었을까요? 생각해 본 적 있나요?

Q : 글쎄요. 외삼촌 집에서 약 20년을 있었다고 했으니, 40대 중반쯤 되지 않았을까요?

A : 다들 그렇게 생각할 수 있는데 이때 나이가 거의 80대 중반이었어요. 왜냐하면 야곱이 라반을 떠날 때 요셉이 태어났거든요. 그리고 요셉이 30살에 애굽의 총리가 되었고, 7년의 풍년 뒤에 요셉의 형들이 애굽으로 곡식을 구하러 왔고, 얼마 후 야곱이 애굽으로 내려왔어요. 그때 야곱은 바로 앞에서 내 나그네 세월이 130년이라 했거든요. 40년 정도를 빼면 80대 후반에서 90살 정도 되었던 거죠. 이 나이에 야곱이 죽어라 씨름한 것이죠.

Q : 듣고 보니 그러네요. 몰랐어요. 야곱도 조부 아브라함과 비슷하게 나이가 한 참 들었을 때 하나님이 찾아오신 것이네요.

A : 그렇다고 봐야죠. 하나님은 여러 번 그에게 찾아오셨으나 야곱이 하나님을 진심으로 찾은 때가 그때였어요. 사람은 어지간하면 하나님을 찾지 않는다는 것을 보여 주는 장면 같아요. 저자의 말을 들어볼까요.

물론 우리는 대부분의 시간 동안 하나님 없이도 잘 살아가는 뜻밖의 성공을 거두기도 한다. 평소대로 일을 처리하는 한, 겉보기에는 별문제 없이 잘 돌아간다. 하지만 위기가 닥치면 자급자족이라는 겉치장에 균열이 드러나기 시작한다. 전화가 울리고 좋지 않은 소식이 전해질 때나 바닥이 무너져 내릴 때, 우리는 물속으로 가라앉고 있는 사람처럼 팔을 휘저으며 초월자에게 도움을 요청한다. (p53. 7~14줄)

야곱이 그랬던 거죠. 거의 구십 평생을 자기 힘으로, 자기 꾀로 살다 도무지 자기 힘으로 해결 할 수 없는 위험 앞에서 하나님께 도움을 요청한 것이죠.

Q : 그런 의미에서 야곱은 우리와 참 많이 닮은 것 같아요. 어지간해서는 기도하지 않고 무릎 꿇지 않는 면에서요. 하지만 그럼에도 불구하고 하나님은 야곱에게 찾아오신 것이죠?

A : 그렇죠.

에서와의 만남이라는 급박한 상황 덕분에 야곱의 성품은 새로운 깊이에 도달했다. 아니, 어쩌면 야곱 안에 새로운 성품을 만들어 냈는지도 모르겠다. 성경은 야곱이 심히 두렵고 답답했다고 말한다. 난생처음 야곱은 자신의 두려움과 답답함에 다르게 대처한다. 하나님을 찾은 것이다. (p58. 11~16줄)

저자가 무엇을 강조하는지 이해하시죠? 하나님이 야곱에게 먼저 찾아오셔서 야곱은 두려움과 답답함을 느끼고 드디어 진지하게 기도했다는 것이죠. 실제로 기도할 마음도 하나님이 주시는 거예요. 성령께서 말할 수 없는 탄식으로 우리를 위해 간구하고 계신 거죠. 기도할 마음이 생겼다는 것 자체가 하나님이 우리를 찾아오신 증거입니다.

Q : 기도할 마음이 생긴 것이 하나님이 우리를 찾아오신 증거다. 정말 은혜가 되는 말씀입니다. 기도도 하나님이 먼저 찾아오시고 은혜를 주셔야 할 수 있는 것이다. 이런 말씀이죠?

A : 네 그렇습니다. 혹 방송을 듣는 분 중에 최근 기도해야겠다는 마음이 생겼다면 주님께서 이미 찾아오신 증거이고요. 그렇게 기도하게 하심으로 하나님은 놀라운 일을 준비하고 계신 거예요. 우리에게 씨름을 걸어오신 분이 하나님이시니까요. 그리할 때 우리는 야곱처럼 하나님의 얼굴을 마주 봅니다.

그러나 야곱은 내면의 여정에서만 하나님을 본 것이 아니다. 자신이 부당하게 대한 형을 만나는 외부의 여정에서도 하나님의 얼굴을 발견한다. 에서는 복수가 아니라 긍휼로 야곱을 대한다. 얍복 강가의 씨름과 에서의 공격 가운데, 틈입하시는 하나님은 야곱의 삶을 뚫고 들어오셨고, 그 둘 모두에서 야곱은 같은 얼굴, 곧 하나님의 얼굴을 본다. (p69. 10~16줄)

야곱은 하나님뿐 아니라 형 에서의 얼굴에서도 하나님의 얼굴을 발견합니다. 에서가 완전히 달라졌잖아요. 복수가 아니라 용서를, 죽임이 아니라 은혜를 베풀고 있잖아요. 하나님은 야곱이 기도할 때 에서라는 사람을 바꾸신 것이죠.

Q : 우리가 기도할 때 하나님은 우리 주변 사람의 얼굴을 하나님의 얼굴같이 바꾸어 주신다. 달리 말하면 우리의 상황을 바꾸어 주신다. 기도할 때 우리는 하나님의 얼굴을 만난다라는 것이죠?.

A : 그렇습니다. 또 한 사람을 만나 볼 텐데요. 바로 모세입니다. 모세도 비슷해요. 모세의 나이 80세가 되었을 때 하나님이 그를 찾아오셨어요. 이집트의 왕자일 때, 힘도 있고 권세도 있어서 무언가 자기 힘으로 이룰 수 있다고 느꼈을 때 오히려 모세는 실패하죠. 그리고 광야로 도망을 갔어요. 광야에서 양치기로 전락해서 약 40년을 보냈습니다. 이쯤 되면 꿈도 소망도 다 없어졌을 거예요. 민족을 구해야겠다는 생각은 엄두도 못 내겠죠. 양치기가 애굽의 왕에게 뭘 할 수 있겠어요? 그런데 바로 그때 하나님은 타지 않는 떨기나무에 불꽃으로 모세에게 찾아오셨어요.

Q : 아브라함도, 야곱도 그리고 모세도 정말 비슷하네요. 젊을 때가 아니라 나이가 들어도 한참 들었을 때, 달리 말하면 자기 힘이 빠졌을 때 하나님이 찾아오셨다는 것이죠?

A : 맞습니다. 이 점을 잘 기억하면 좋겠어요. 단순히 나이가 들어야 하나님이 찾아오신다. 그런 말이 아니고요. 내 힘이 빠질 때, 내 능력이 빠질 때, 어깨에 힘이 빠질 때, 그때 하나님은 우리를 찾아오시고 우리에게 놀라운 일을 맡기신다는 것입니다. 하나님은 모세에게 말도 안 되는 일을 맡겨요. 애굽 왕 바로에게 가서 내 백성을 구하라고 하세요. 모세가 이 말을 들었을 때 모세 자신도 도무지 믿지 못했어요. 마흔 살 때, 힘이 있을 때도 하지 못한 일을 이제 와서 어떻게 할 수 있겠냐는 거죠. 저자의 말을 들어 볼게요.

하나님은 인간에게 사소한 일만 맡기지 않으신다. 모세는 상황을 살펴보고 확인하거나 일단 한 번 가 보라는 임무를 맡은 것이 아니다. 바로에게 가서 백성을 구하라는 것이다.(p83. 3~6줄)

하나님은 모세가 할 수 있는 만큼의 일을 맡기신 것이 아니라는 점을 강조했어요.

Q : 사실 우리도 늘 그렇잖아요. 어떤 일을 할 때나 계획할 때 이 일을 과연 내가 할 수 있을까? 내가 감당할 수 있을까? 그런 생각부터 하고 계산부터 하잖아요. 하나님은 그것을 뛰어넘으라고 하시는 거죠?

A : 맞습니다. 하나님은 모세에게 약속하셨어요. 내가 너와 함께하겠다. 네 힘으로 하려 하지 말라. 사실 교회에서도 무슨 일을 할 때 늘 예산부터 따지곤 하죠. 또는 이 일을 할 수 있는 사람이 있는가? 이런 것을 따지고요. 그런데 하나님은 그런 것이 중요한 것이 아니란 거예요. 하나님은 우리가 할 수 있는 일만 맡기는 분이 아니라, 우리가 감당할 수 없는 일도 맡기시는 분임을 믿어야 해요. 그럼 하나님이 책임져 주시는 거죠. 내가 하겠다고 하시잖아요.

인도에서 사역한 선교의 아버지, 윌리암 캐리가 한 말이 있어요. "Expect great things from God, attempt great things for God." - "하나님으로부터 위대한 일을 기대하고, 하나님을 위해 위대한 일을 시도하라." 내 수준에서 생각하지 말고 하나님을 기대하라고 강조하셨죠. 실제로 그런 일을 이루어내셨어요.

Q : 『틈입하시는 하나님』 좋은 책을 소개해 주시고 있습니다. 아브라함, 야곱, 모세를 살펴보았는데 다른 인물들도 있는 거죠?

A : 네, 저자는 계속해서 기드온, 요나, 마리아, 예수님, 사울 등을 찾아오신 하나님을 소개해 주고 있어요. 우리의 약함이라는 틈으로 찾아오셔서 위대한 일을 하시는 그 분을 만나보시고, 오늘 나를 찾아오시는 하나님을 만날 수 있기를 축복합니다.

한 신학자의 영성 고전 읽기

말씀이 육신이 되어 우리 가운데 거하시매

김기현|| 죠이북스 || 2023년

A : 오늘 소개할 책은 서문에서 벌써 충격적인 선언으로 다가오는데요.

독서는 영성 훈련에서 잃어버린 기술이 되었다. 기독교인이 반지성적이라는 비판은 충격적이다. 아우구스티누스와 아퀴나스, 루터와 칼뱅, 파스칼과 키르케고르 그리고 도스토옙스키의 후손인 우리가 어쩌다가 반지성주의의 집단이 되었을꼬 (p7. 9줄~p8. 2줄)라고 선언해요. 그러면서

이것은 읽지 않아서다. 성경을 읽지 않고, 책은 더 멀리한다. 그 잃어버린 기술을 회복할 때, 우리의 영성은 더 단단해지고, 구름같이 허다한 저 믿음의 지성인들을 볼 면목이 생긴다. (p8. 3~5줄)

Q : 저도 그 부분에서 충격적이었어요. 읽지 않는 세대라는 것, 성경도 읽지 않고, 서적도 읽지 않아서 영성이 한쪽으로 치우쳐 있다는 것이잖아요. 이런 말씀을 하시는 저자 목사님, 과연 어떤 분인지 상당히 궁금하

거든요.

A : 책 표지에 저자 소개가 나오는데요. '김기현 목사는 이사야 50장 4절의 학자와 제자가 되어 작가와 목사로 말과 글을 통해 주님과 교회, 이웃을 섬기는 비전을 품고 있다.'라고 되어 있어요. 한 마디로 책을 너무 좋아하는 분, 글 쓰는 것을 너무 좋아하는 분이라고 보시면 될 것 같아요. 책을 손에서 놓지 않는 분, 펜을 놓지 않는 분이에요. 이 책은 저자의 19번째 저작입니다.

Q : 와~ 19번째 책이라고요. 정말 대단하네요. 김양현 목사님만 책을 좋아하는 줄 알았는데 훨씬 더 고수가 계시군요?

A : 저는 김기현 목사님에 비하면 조족지혈에 불과하고요. 겨우 책 1권 썼는데 상대가 안 되죠. 김기현 목사님은 책을 읽고, 글을 쓰고 하는 것이 한국 교계의 잃어버린 영성을 회복하는 중요한 길이라는 확신 아래, 현재 로고스 서원을 세워서 책 읽기, 글쓰기 운동을 열심히 하고 계세요.

Q : 이런 책의 고수이신 목사님의 19번째 책인 『말씀이 육신이 되어 우리 가운데 거하시매』입니다. 자, 그럼 이 책의 구성은 어떻게 되어 있는지 살펴볼까요? 어떤 책인가요?

A : 한마디로 말하면 기독교 고전에 대한 소개라고 보면 될 것 같아

요. 기독교 고전이죠. 책은 모두 2부로 구성되어 있어요, 1부 '말씀이 육신이 되어'는 기독교 영성 고전이고, 2부 '우리 가운데 거하시매'는 기독교 고전 소설에 대한 소개입니다.

Q : 아~ 책 제목이 곧 구성이네요? 안 그래도 제목이 상당히 특이하다고 생각했거든요. 『말씀이 육신이 되어 우리 가운데 거하시매』 좀 길어요. 제목은 성경 구절이잖아요? 저자가 책 제목을 이렇게 지은 특별한 이유가 있을까요?

A : 요한복음 1장 14절 말씀이잖아요. "말씀이 육신이 되어 우리 가운데 거하시매 우리가 그의 영광을 보니 아버지의 독생자의 영광이요 은혜와 진리가 충만하더라" 저자가 보기에 기독교의 핵심 교리는 말씀이 육신이 된 사건, 즉 '성육신'인 것이죠. 하나님이 사람이 되셨고, 하나님이 사람의 말로 우리에게 진리를 전해주신 것이 핵심이에요. 예수님은 말씀이 육신이 되신 분인데 하나님이 인간이 되셨을 뿐만 아니라, 인간의 말로 하나님 당신을 알려주신 것이죠. 그래서 우리가 하나님을 제대로 믿을 수 있게 된 것이고요. 이후 제자들을 통하여 성경이 기록되었고, 교부들은 성경에 대한 해석서를 기록해서 우리에게 남겨 주었습니다. 그래서 기독교의 핵심은 말 또는 글이라고 보신 것이죠.

Q : 그래서 저자 김기현 목사님은 이 책 서론격인 여는 책에서 아타나시우스의 『말씀의 성육신에 대하여』라는 책으로 시작했군요? 그런데 목사

님 아타나시우스는 누구인가요?

A : 아타나시우스는 초대 교회의 리더였어요. 293년경에 태어나서 373년에 돌아가셨는데요. 이 시기는 굉장히 중요해요. 로마 황제 콘스탄티누스가 313년에 기독교를 승인했고 황제 데오도시우스가 380년에 기독교를 국교로 지정했어요. 아타나시우스는 박해의 시기에 태어나 기독교가 공인 되었을 때 알렉산드리아의 주교가 되었지요. 이후 콘스탄티누스 황제가 연 주요한 교리 회의의 핵심 인물이 되어 기독교의 교리를 정립하신 분이시죠. 아타나시우스는 당대의 이단으로 규정된 아리우스라는 사람과 교리 논쟁을 많이 벌였는데요. 그 과정에서 나온 책이 『말씀의 성육신에 대하여』에요. 왜냐하면 '아리우스'파가 예수님이 육신으로 오신 것을 부정했거든요.

Q : 그렇군요. 김기현 목사님의 책을 소개하는데 마치 교리 공부, 교회사 공부를 하는 느낌이에요. 이 책이 기독교 영성 고전을 다루고 있어서 이런 느낌이 드나봅니다. 목사님, 이 책에서 아타나시우스에 대하여 '세상에 대항한 아타나시우스'라고 소개하고 있어요.

A. 네, 아타나시우스는 당시 세상에 대항해 교리를 수호하기 위해 세 가지 주요 사상과 싸웠어요. 첫째는 유대교이고, 둘째는 이단 그리고 마지막은 헬라주의였어요. 아타나시우스가 이 세 가지에 맞서 싸우기 위해 사용한 무기는 '말씀' 곧 '말'이었다고 저자가 표현하고 있어요. 아리우스가 예수님은 육체가 없었다고 했고, 헬라주의자들

역시 육체는 영혼의 그림자에 불과하다고 했거든요. 그에 반해 유대교는 십자가에 죽은 예수는 구원자가 될 수 없다고 말했죠. 아리우스는 이러한 주장에 맞서 싸우며 육체와 영혼은 하나이며, 기독교는 균형 잡힌 종교라는 것을 고수하신 것이죠.

Q : 그렇군요. 사실 우리 방송이 하는 것도 그런 일환이에요. 오늘날 듣고 보는 것이 너무 많은데 우리가 기독교인으로서 분별하고 또 필요하면 세상의 잘못된 사상과 말과 싸워야 하잖아요. 이 책을 찬찬히 읽으면 우리도 핵심 무기를 손에 쥘 수 있을 것 같아요.

A : 맞습니다. 그런 의미에서 핵심 무기, 요즘 아이들 말로는 아이템이라 하는데 하나 더 확보해 볼까요? 저자가 아타나시우스 다음으로 소개하는 책은 그 유명한 아우구스티누스의 『고백록』입니다. 아우구스티누스는 19살에 로마의 사상가이자 정치가였던 키케로의 책을 읽고 학문에 눈을 뜨게 됩니다. 하지만 이후 기독교가 아닌 마니교에 빠졌어요, 왜냐하면 세상의 비합리성, 즉 '신은 선한데 왜 세상에 악이 존재하는가?' 그리고 '왜 착한 사람들이 더 고통당하는가?'라는 질문에 마니교가 깔끔하게 대답했기 때문이라고 해요.

Q : 아우구스티누스가 고민이 많았네요? 이런 고민과 질문은 지금도 유용한 것 같아요. 왜 악이 존재하는지 그리고 착하게 사는데 왜 고통이 오는지, 나쁜 사람들이 더 잘 사는지와 같은 질문들이요. 아우구스티누스는 답을 찾았겠죠?

A : 아우구스티누스가 먼저 관심을 가진 마니교의 답은 깔끔했어요. 세상에는 선한 신이 있고, 악한 신이 있다. 선한 신은 선을 창조했고, 악한 신은 악을 창조했다. 그리고 선한 신과 악한 신이 서로 싸우고 있다. 이렇게 정리를 했죠. 깔끔하죠? 그런데 아우구스티누스는 또 다른 고민이 있었어요. 이 답에는 선의 최종 승리가 보장되지 않았던 거죠. 도대체 언제까지 선과 악이 싸우기만 할 것인가? 또 만약 악이 혹 악한 신이 최종 승리를 하면 우리가 살아야 할 희망은 무엇인가? 이런 한계에 직면한 것이죠.

Q : 와우, 목사님, 점점 더 철학적이고 신학적인 질문으로 가는 데요. 오늘 우리가 소개하는 책 『말씀이 육신이 되어 우리 가운데 거하시매』에 이러한 내용이 나오는 거죠?

A : 아우구스티누스는 창세기 첫 구절 '태초에'에 집중했어요. 태초에 하나님이 세상을 창조하시니라. 하나님이 창조하신 것 중에는 시간도 포함되어 있어요. 시간이 하나님의 창조물이라면 그것은 곧 절대적인 것이 아니라 상대적인 것이 되죠. 하나님은 선하시기에 선은 하나님의 창조인 반면, 악은 하나님을 떠난 인간의 상태인 거죠. 악이라는 실체가 있다기보다 하나님을 떠나버리면 악이 되는 거예요. 물론 이 악도 하나님의 선하심, 하나님의 궁극적인 선을 드러내기 위한 섭리고요. 좀 어려운 문제이긴 합니다. 핵심은 하나님께 나아가는 자는 선한 삶을 살아가고, 악에서 떠난다는 것이고요.

Q : 네 목사님, 상당히 철학적이고 신학적인 내용을 다루었는데요. 이 책이 상당히 흥미롭고 또 오랜만에 머리를 쓰는 책인 것 같아요. 우리는 읽기도 쉽지 않은데 이런 책을 쓰신 저자는 어떨까 궁금하기도 합니다.

A : 파스칼의 『팡세』입니다. 파스칼은 많이 들어보셨을 거예요. '인간은 생각하는 갈대다.'라는 유명한 말을 남겼잖아요. 파스칼은 17세기 프랑스 사람인데요. 이 사람은 정말 천재였어요. 12살에 유클리드 기하학을 깨우쳤고, 16살에 원추 곡선에 관한 논문을 발표했어요. 19살에는 최초의 계산기를 만든 사람이에요. 그야말로 천재죠. 그러다 1654년 11월 23일 밤 10시 반 경에 소위 신비 체험, 성령 체험을 했다고 해요. 그날 밤을 파스칼은 이렇게 기록했어요.

'불, 철학자와 신학자들의 신이 아니라 아브라함의 하나님, 이삭의 하나님, 야곱의 하나님, 확신, 확신, 심정, 기쁨, 평화, 예수 그리스도의 하나님.'

Q : 그러니까 이 장면이 파스칼의 삶에 결정적 전환이라는 거죠? 철학자와 신학자의 하나님이 아니라 아브라함과 이삭, 야곱의 하나님이라는 것을 발견했다는 것인데 어떤 의미일까요?

A : 한 마디로 하나님은 지식으로 알 수 있는 분이 아니라 삶으로 알 수 있다는 거죠. 머리로, 생각으로 유추해서 하나님이 이렇다 저렇다 하는 것이 아니라, 하나님을 온 삶으로 생생하게 만나야 한

다는 뜻이요. 그리고 하나님은 학문의 대상이 아니라, 아브라함, 이삭, 야곱과 동행하면서 그들을 인도하셨듯이 오늘 우리와 동행하시고 인도하시는 분이라는 거죠. 제임스 패커 목사님의 말을 빌리면 'Knowing about God'이 아니라 'Knowing God', 즉 하나님에 대해서 아는 것이 아니라 하나님을 아는 것이 신앙의 핵심이라는 것이죠. 사람도 마찬가지잖아요. 어떤 사람에 대해서 우리는 안다고 할 때 외적 정보로 아는 거죠. 하지만 진짜 아는 것은 그 사람을 만나보고, 이야기해 보고, 같이 밥도 먹어보고…. 그래야 하는 거죠.

Q : 맞습니다. 우리가 얼굴과 얼굴을 마주 보며 직접 대화해야 사람을 알 수 있듯이, 하나님도 그런 식으로 알아야겠죠. 책 내용을 조금 더 살펴 볼까요?

A : 이 책 1부 10장이에요. 기도를 찾아서 – 무명의 수도자의『기도』라는 책 소개에요. 이 단락에서는 특별히 기도에 대해서 강조하셨어요. 우리가 기도 참 많이 하잖아요. 그런데 이 책에서 소개하는 기도는 아주 단순하고 특별합니다. 제가 책 내용 읽어 드릴게요.

하여간에, 기도에 대한 갈망이 깊었던 이 청년은 다행히 큰 스승을 만나고 의문이 풀린다. 바로 예수의 기도다. "주 예수 그리스도여, 이 죄인에게 자비를 베푸소서." 짧고도 단순한 이 기도를 되풀이한다. 들숨과 함께 "주 예수 그리스도여"를, 날숨을 따라 "이 죄인에게 자비를 베푸소서."를 되뇐다 … 이 과정을 통해 기도가 호흡이 된다. 몸에 밴 습관이 되어 애쓰지 않아도 몸이 알아서 절로 기도한다.(p115. 10~17줄)

우리도 같이해 볼까요?

Q : “주 예수 그리스도여, 이 죄인에게 자비를 베푸소서.” 저는 산책을 자주 하는 편인데요. 산책할 때 이 기도를 해야겠어요. 이렇게 기도하면 기도가 어려운 것이 아니라 기도가 삶이 될 것 같아요.

A : 저자 목사님도 이렇게 책에 쓰셨어요.

예수의 기도를 무한으로 반복하면, 침묵 기도의 무한한 허공을 헤매지 않아도, 통성 기도의 무의미한 말의 성찬을 쏟아내지 않아도 된다. 하나님의 임재를 의식하며 조용히 침잠하면서도 하고 싶은 말을 잔뜩 풀어놓는다. 침묵 기도 한답시고 멍때리다가 잠으로 빠져들지 않아서 좋고, 통성 기도 한답시고 무슨 말을 했는지도 모른 채 헤매지 않아서 더 좋다. 침묵 기도와 통성 기도의 단점을 줄이고 장점은 극대화한 것이 예수의 기도다, 내겐 그렇다.(p116, 14줄~p117, 2줄)

Q : 운동할 때도, 집안일할 때도, 차를 타고 갈 때도 수시로 할 수 있는 기도 같아요. 이렇게 훈련하면 곧 기도와 삶이 하나 되고, 영성이 깊어지겠죠?

A : 이런 영성에 대해서 깊이 있게 통찰한 분이 있는데, 바로 러시아의 대문호 도스토옙스키에요. 이 책 11장이고요. 도스토옙스키의 책 중에 특히 『까라마조프 씨네 형제들』을 언급하셨어요. 『까라마조프 씨네 형제들』 중 한 단락에 대심문관이라는 장이 있어요. 예수와 대심문관의 대화 장면인데요. 물론 가상이에요. 예수께서 사람들에게 빵을 나누어 주니까 대심문관은 예수를 감옥에 가두어 버려요.

Q : 아니 왜요? 그게 무슨 잘못인가요?

A : 도스토옙스키가 말하고자 한 것은 이중적 의미가 있는데요. 대심문관의 논리는 한 마디로 빵을 주면 사람들의 욕망이 커질 뿐, 하나님이나 진정한 의미에서 신앙을 가질 수 없다는 거예요. 얼핏 들으면 고상한 말 같은데, 사실 도스토옙스키는 우리 인간의 모습을 대심문관의 말을 빌려 묘사한 것이죠. 그리고 어쩌면 우리들도 말로는 하나님 나라, 자유, 평화 등을 논하지만, 실제로는 빵으로 대변되는 물질을 탐하는 속물일지도 모른다는 거죠. 김기현 목사님의 표현을 읽어 볼게요.

그럴 거다. 입으로는 자유를 말하지만, 손으로는 빵을 움켜쥐는 것이 우리다. 머리로는 빵과 자유가 어찌 양립 불가하냐며 대들지만, 온몸으로는 자유고 뭐고 빵이 전부지 뭐가 더 필요하냐고 웅변하지 않는가. 하나님과의 관계가 멀어졌다고 가슴을 치는 이는 극히 드물지만, 월급이 줄고, 아파트 가격이 내려가고, 자녀의 성적이 바닥을 치면, 울상이다 못해 숫제 난리다. 예수는 빵만 주시는 경제적 메시야가 아니라, 빵을 통해서, 그리고 빵을 넘어서 하나님 나라를 세우려는 메시아적 경제를 말씀하시지 않았던가.

(p130, 9~14줄)

Q : 경제적 메시아가 아니라 메시아적 경제다. 이 말이 깊은 여운으로 남습니다. 오늘은 김기현 목사님의 신작 『말씀이 육신이 되어 우리 가운데 거하시매』를 살펴보았습니다.

세속시대의 기독교 신앙 형성

엔드류 루트 ‖ 김광남 옮김 ‖ 비전북 ‖ 2024년

A : '커밍 아웃'이라는 말을 아시죠? 이 말은 원래 동성애자가 자신의 정체성을 숨기고 있다가 당당하게 자신을 밝힌다는 뜻이었어요. 연예인 홍석천 씨가 대표적이죠. 그런데 요즘 대학생들 사이에 '커밍아웃'은 동성애자가 정체성을 밝히는 것이 아니라, '나 교회 다녀'라고 선언하는 것이라고 하죠. 다시말해 '기독교인'이라고 밝히는 것을 커밍아웃이라고 한다고 합니다.

Q : 그러니까 동성애자라고 밝히는 것보다 기독교인이라고 밝히는 것이 동료 친구들에게 더 부끄러운 것이 되었다. 이런 뜻이네요?

A : 그렇죠. 심각한 문제가 아닐 수 없는데요. 이런 현상의 배후에는 여러 가지 이유가 있겠죠. 우리 기성세대의 잘못이기도 하고요. 그래서 오늘은 왜 이런 현상이 발생하는 지, 오늘 우리는 무엇을 놓

치고 있는지, 젊은이들을 위한다는 것은 어떤 것인지 등에 대해서 진지하게 고민하려고 해요. 조금 어려운 이야기일 수 있는데 집중해서 들어주셨으면 좋겠어요. 앤드루 루트가 쓴『세속 시대의 기독교 신앙 형성』이라는 책입니다.

Q : 제목이 세속 시대의 기독교 신앙 형성인데요. 오늘 우리가 살아가는 시대가 세속 시대라는 뜻인가요?

A : 네. 이 책은 제목처럼 크게 두 가지로 구성되어 있어요. 1부는 말 그대로 오늘 우리가 살아가는 시대는 세속화된 시대라는 것이고, 2부는 세속화된 이 시대에 신앙이란 어떤 것인가를 다룹니다.

Q : 목사님, 그럼 우선 세속 시대가 무엇인가에 대해서 말해 주시면 좋겠어요. 말은 많이 하는데 정확히 어떤 뜻인지 잘 모르겠어요.

A : 세속 시대, 혹은 세속화된 시대라는 말은 하버드 교수였던 하비 콕스가 60년대에 사용한 용어예요. 우선 세속 시대라는 말이 타락 시대를 말하는 것은 아님을 기억하셔야 해요. 우리가 교회에서 주로 세속화되었다고 할 때 신앙이 없어지거나 타락한 시대라고 하는데 그런 뜻이 아니고요. 세속화는 한 마디로 하나님이 필요 없는 시대, 인간이 중심이 된 시대로 이해하면 될 것 같아요. 캐나다의 찰스 테일러라는 학자가 이렇게 말했어요. "1500년에 서구 사회에서 하나님을 믿지 않는다는 것은 사실상 불가능했는데, 2000년에

이르러서는 어째서 우리 중에서 하나님을 믿는 것이 불가능한 시대가 되었는가?"

Q : 음, 그러니까 하나님을 믿는 신앙에서 사람들이 대부분 떠난 시대다. 그렇게 볼 수 있겠군요? 더 이상 하나님을 믿지 않는 시대, 인간이 중심이 된 시대 이렇게 이해해야겠네요.

A : 맞습니다. 원래 서양은 기독교 국가 자체였잖아요. 요람에서 무덤까지 기독교 신앙 안에서 모든 것이 이루어졌죠. 태어나면 교회에서 세례받고, 어릴 때 교회에 자연스럽게 나가고, 결혼도 교회당에서 하고, 장례도 교회에서 치렀죠. 그런데 오늘날은 그렇지 않다는 거죠. 찰스 테일러는 한 가지 더 중요한 이야기를 해요. 이 부분을 잘 이해해야 하는데요. 세속화라는 것이 단순히 사람들이 교회를 떠난 현상을 말하는 것이 아니라, 사람들이 더 이상 신적 행동이나 초월적 가능성, 역사 등을 믿지 않는다는 것이에요. 그런데 이런 현상은 교회 내에서도 이루어질 수 있어요. 교회는 다니지만, 상식적인 수준에서만 믿는 거죠. 하나님의 기적이나 초월적 능력, 섭리 등은 외면하는 거죠. 지난번에 소개해 드린 책 『경이라는 세계』에서 강조한 바 삶의 경이, 하나님의 경이를 잃어버린 것이죠.

Q : 아! 그렇군요. 교회를 떠난 것만이 아니라, 달리 말하면 하나님을 떠난 것 혹은 하나님 없이 단순히 종교 생활만 하는 것도 세속 사회의 특징이라 할 수 있겠군요.

A : 맞습니다. 그래서 저자는 이런 현상을 설명하기 위해 세 단어를 가지고 왔는데요. M. T. D. 라는 거예요. Moralistic Therapeutic Deism, 도덕적이고 치유적인 이신론이라는 말이에요. 하나님을 믿는 것을 단순히 도덕적으로 바르게 사는 것, 내 마음을 치료해 주는 것으로 간주한다. 그런데 하나님은 저 멀리 계셔서 실제로는 내 삶을 간섭하지 않는 분으로 믿는다는 거죠. 내 마음이 편안하면 좋은 것, 그런 것이 신앙으로 자리 잡았다고 말해요.

Q : 조금 어려운 말인 것 같아요. 조금 더 쉽게 설명해 주시면 좋겠어요. 저자가 말하는 오늘날 신앙의 모습이 어떻다는 말인가요?

A : 이렇게 설명해 볼게요. 하비 콕스가 일찍이 말한 용어를 말씀드리면 더 이해가 잘될 것 같아요. 그는 『세속 도시』라는 책에서 '신들의 슈퍼마켓'이라는 용어를 썼어요. 우리가 슈퍼마켓에 가면 비슷한 상품들이 진열되어 있잖아요. 그러면 소비자로서 내 마음에 드는 상품을 고르는 거예요. 그가 보기에 오늘날 신자들은 마치 소비자처럼 자기 마음에 드는 종교를 고른다는 거죠. 혹 자기 마음에 드는 교회를 고르고, 자기 마음에 드는 목사의 설교를 고르는 거죠. 예전에는 교구가 있어서 이사를 하면 교적부를 가지고 집에서 가까운 교회로 가는 시스템이었어요. 하지만 지금은 그런 것이 아무런 의미가 없죠. 내가 고르는 거예요. 내 마음에 드는 설교, 내 마음에 드는 건물, 내 마음에 드는 사람들 등. 그러니까 핵심은 하나님이 아니고 '나'죠. 내가 좋아야 하는 거죠. 내 마음에 흡족한 설

교, 나를 감동하게 하는 프로그램 등으로 바뀐 것이죠.

Q : 아, 그렇게 볼 수 있네요. 특히 많은 분이 이사를 할 때 교회를 선택하는 기준 중에서 자녀들이 차지하는 비중도 크거든요. 주일학교가 잘 되어 있는가?

A : 맞습니다. 현실이에요. 그래서 교회마다 요즘 최고의 구호가 있다면 '다음 세대' 아닐까요? 다음 세대를 살려야 한다, 다음 세대가 중요하다. 이런 용어가 자연스레 넘쳐납니다. 그런데 이런 현상도 한번 생각해 보아야 하는데요. 저자가 이렇게 강조해요.

당신들은 모든 관심을 온통 특정한 연령 집단이 제공하는 문화적 유익에 집중하느라 정작 당신들이 구하는 것을 주시는 분인 성령의 역사에는 관심을 두고 있지 않군요.

(p24. 17~20줄)

저자는 본회퍼 목사님을 인용하면서 이렇게 덧붙입니다.

이런 현상은 본회퍼가 지적하듯이, 교회의 미래를 예수 그리스도가 아니라 젊은이들에게서 찾는 것이다. 본회퍼는 그 모든 대화가 진부하고 심지어 해롭다고 여겼을 것이다. 왜냐하면 우리는 무의식중에 젊은이들을 붙잡아 두고 제도적 교회를 구하는 데 도움을 줄 수 있는 실용적 전략들과 성령의 신적 행위를 교환하고 있기 때문이다.

(p25. 22줄~p26. 4줄)

언제부터 젊은이, 다음 세대 이런 것을 강조하면서 시스템을 강화하고 시설을 보완하고 프로그램을 개발하지만, 정작 성령의 역사는 잊어버렸다는 것입니다.

Q : 중요한 통찰이네요. 교회의 미래가 예수 그리스도가 아니라 젊은이들로 바뀐 것이다. 달리 말하면 달을 보지 못하고 손가락을 보는 실수를 했다는 것이네요.

A : 맞습니다. 눈에 보이는 것을 강조하다 보니 정작 하나님, 예수님, 성령님은 잊고 그 자리에 젊은이들, 어린이들 혹은 어떤 프로그램, 시스템 강화가 자리했다는 뜻이죠. 저자는 이렇게 말하고 있어요.

우리의 이런 역사는 찰스 테일러가 초월의 언어에 대한 커다란 학습 폐기라고 부르는 것으로 향하는 강력한 지류를 타고 흘러왔다. 지난 500년간 이 해류는 일정하지만 느리게 움직였다. 그러나 1960년대 후반 청년 운동 시대 이후 그 속도가 빨라졌고, 지난 50년 동안 우리는 폭포와 급류를 타고 목이 부러질 정도로 흔들려 왔다.(p31, 4~8줄)

Q : 지난 500년간 천천히 흐르다가 1960년대 이후 급하게 빨라졌다는 것인데, 어떤 일이 있었던 거죠?

A : 하나님의 자리에 인간이 중심이 되고, 초월적인 것에서 현실적인 것으로 빠르게 변화되었다는 것이죠. 500년 전에는 소위 계몽주의라는 철학사조였어요. 볼테르, 데이비드 흄, 장 자크 루소 그리고 칸트나 데카르트 같은 철학자들은 하나님이 아니라 인간이 스스로 세상을 구할 수 있다고 주장했거든요. 신앙의 시대가 아니라 인간 지성의 시대가 왔다고 주장했어요. 이후 과학적 발견은 하나님의 자리에 기술을 가져왔어요. 서서히 그렇게 바뀌어 왔던 거죠. 그런데 소위 68혁명이라고 하는 1960년대 후반 이후 젊은이들은 급

속한 변화를 일으켰어요. 기존의 규범, 도덕, 종교 등은 이제 의미가 없다, 그런 것들은 우리의 자유를 속박하는 것이다, 우리는 우리가 원하는 대로 살 것이다. 이런 운동이 급속도로 번져간 거죠. 소위 힙하고 쿨한 것이 진짜다. 이렇게 바뀌어 간 것이죠.

Q : 그런데 이런 것이 교회와 무슨 연관이 있었나요?

A : 발 빠른 교회와 사역자들은 이런 힙한 세대를 교회 안으로 끌어오기 위해 그들의 문화를 접목한 것이죠. 그래서 목사들은 청바지를 입고 설교하기 시작했고, 젊은이들이 좋아하는 형태의 록 페스티벌 같은 예배를 도입했고, 그들로 하여금 교회 안에서 힙하고 쿨한 것을 욕망하게 한 것이죠. 그러다 보니 하나님보다 이런 어떤 예배의 형식, 프로그램 등이 더 중요하게 자리를 잡았다, 그런데 시간이 흘러 젊은이들은 또다시 교회를 떠나더라, 왜냐하면 점점 더 자극적이고 새로운 시도를 좇기 때문이죠. 중요한 것은 이 책 저자가 현재 미국에서 청년 사역을 전담하는 분이라는 점이에요. 우리 시대의 문제점들이죠.

Q: 이런 시대에 우리가 어떻게 하면 바른 신앙을 만들어 갈 수 있는가? 어떻게 해야 할까요? 저자는 무엇이라 말하나요?

A : 우선 저자는 뺄셈과 덧셈을 바로 해야 한다고 강조해요. 갑자기 무슨 말인가 싶을 텐데요. 자 우선 뺄셈에 대해서 말해 볼게요. 저

자는 이렇게 말하고 있습니다.

우리가 도덕적 헌신을 잃어버리고, 학교에서 기도를 드리지 않고, 교회에 출석하는 젊은이들이 줄어들었기 때문이다고 말하고 있다.(p192. 10~12줄)

이런 현상에 집중한다는 거예요. 눈에 보이는 것들이요. 그러니까 학교에 기도 운동을 만들어야 하고, 출석하는 젊은이들이 많도록 행사를 만들고 이런 것이죠. 그런데 저자는 이런 것들보다 더 중요한 것은 눈에 보이지 않는 하나님의 초월을 잃어버렸다는 것을 강조해요. 우리가 먼저 찾아야 하는 것은 숫자가 아니라 하나님이라는 말이죠. 하나님을 하나님 자리에 모셔 오는 것, 달리 말하면 우리들이 하나님께로 더 가까이 가는 것을 먼저 회복하자고 강조해요.

Q : 한 마디로 어떤 프로그램이나 시설 확충이 아니라 하나님을 더 깊이 만나야 한다는 것이네요. 그러기 위해 기도하고, 회개하고, 엎드려야 한다는 말씀이죠.

A : 그렇습니다. 그것이 더 우선이에요. 어떻게 보면 아무런 프로그램도 없고 시설도 빈약한 영성 공동체 같은 곳에 젊은이들이 더 모이기도 하잖아요. '떼제 공동체'처럼. 저도 어떤 교회 수련회에 강사로 간 적이 있는데요. 아이들과 청소년들이 어른 예배에 다 같이 참석해서 예배를 드려요. 어떻게 보면 지루할 수 있죠. 그런데 집중해서 잘 드리더라고요. 저자가 강조하는 부분이기도 해요. 소위 청소

년, 청년 사역자들이 '지루함이 적이다.'라고 강조해서 어떻게든 재미있게 더 참신하게 하는데, 사실 그런 재미는 한계에 이르게 되죠. 아무리 재미있게 해도 텔레비전 프로그램이나 게임보다 저 재미있을 수는 없잖아요. 대신 성령의 역사를 구하고 우리의 마음을 고쳐주시기를 기도해야 하죠.

Q : 그럼 저자가 강조하는 덧셈은 무엇인가요?

A : 우선 지난 500여 년 동안 과학주의, 유물론, 개인주의 등이 더해졌다는 것을 파악해야 하는 것인데요. 우리는 학교에서 이런 것들을 끊임없이 배우죠. 사실 교회에서는 일주일에 한두 시간 정도 예배하고 설교라고 해도 30여 분 듣는 게 전부인데, 학교에서는 종일 세속화된 학문, 정신, 가치관을 배우는 거죠. 이런 것이 더해지는 거죠. 게임이나 영화, 음악 등을 통해서도 끊임없이 우리 학생들에게(우리도 마찬가지고) 세속적 가치관이 더해지는 것을 생각해야 해요. 따라서 이런 영향을 차단하는 것이 신앙 형성에 필수적인 것이죠. 하나님의 말씀을 더하고, 기도를 더하고, 묵상을 더하고, 기독교적 가치관을 더해야 하는 거죠.

Q : 세속화 사회는 우리에게서 하나님의 초월성은 빼앗아 가고, 세속적 가치관은 더했다는 뜻이네요. 이런 현상을 잘 파악하는 것이 중요하기 때문에 하나님의 말씀을 더 묵상하고 그 말씀 위에 서야 한다는 뜻이죠?

A : 네, 그렇습니다. 두 번째로 저자가 강조하는 신앙 형성은, 소위 비느하스적 열정이 아니라 바울적 영성이라고 해요. 구약에서 제사장의 자녀였던 비느하스가 모압 여인과 동침한 남자의 장막에 들어가 창으로 죽인 일이 있는데요. 오늘날에도 이런 열정은 교회 안에 많다는 거예요. 열심히 무엇인가를 하는 거죠. 프로그램을 열심히 돌리고, 시스템을 만들고, 행사를 만들고 …. 이렇게 무언가를 계속 하는 거죠. 하지만 저자는 그런 것보다 바울의 변화에 집중하는데요. 바울도 이런 열정의 사람이었으나, 예수님을 인격적으로 만나서 변화되었잖아요. 예수님을 인격적으로 만나는 것, 예수님과 연합을 이루는 것에 집중하자는 거예요. 쉽게 말해서 행사나 프로그램을 계속하는 것보다, 한 사람씩 철저한 제자 훈련을 통해 예수님을 인격적으로 만나도록 도와주는 것이 사역자의 할 일이라고 저자는 강조합니다.

Q : 행사나 프로그램, 시설이 아니라 예수님과의 인격적 만남이 중요하다. 그런 일에 헌신하자. 이런 말씀이네요.

A : 맞습니다. 저자는 이런 일에 집중하면 우선 숫자의 강박이나 구체적인 성과에서 자유로울 수 있다고 강조해요. 우리는 이런 인격적 만남이나 변화보다, 먼저 얼마나 많이 모였는가? 몇 명인가? 이런 것에 관심이 많죠. 하지만 저자는 그런 현상은 예수님을 만나지 않는 군중을 만들 가능성도 있다는 것을 말해요. 하나님은 한 사람의 인격, 한 사람의 변화를 더 가치 있게 여기시고 또 그 한 사람

을 통해 위대한 일을 하시니까요. 인내심을 가지고 참된 변화의 사역에 집중하자고 강조해요.

Q : 그런데 이런 것이 쉽지 않으니까 한 사람의 변화는 느리고 눈에 확 보이는 성과가 아니니까 조급해질 수 있을 것 같아요.

A : 그것이 저자가 강조하는 부분이에요. 그 조급함 때문에 당장 가시적인 부분으로 다시 돌아간다는 거죠. 행사, 숫자, 규모 이런 것에요. 아브라함은 평생 인내하면서 이삭 한 명을 낳았고, 예수님도 어떻게 보면 군중이 아니라 12명의 제자에 집중하셨잖아요. 군중은 기적을 원하고, 먹는 것을 원하고 기적이 없으면 순식간에 떠나잖아요. 혹은 로마 왕이 먹을 것을 주면 그 쪽으로 쏠리게 되고.

Q : 한 사람의 변화, 한 사람의 인격, 예수님을 닮은 제자. 이것이 중요하다는 것은 알지만 어려운 일이기도 해요.

A : 이 책에서 강조하는 부분이에요. 저자의 용어를 빌리면, 크리시토프락시스Christopraxis인데, 예수님처럼 실천하는 한 사람이 중요하다는 거예요. 예수님처럼 자기 십자가를 지고, 예수님처럼 사랑하고, 예수님처럼 헌신하는 한 사람이 있다면 그 사람으로 인해 세속화 시대에 참 신앙을 전수할 수 있는 거죠.

Q : 한 마디로 '예수님의 제자로 사는 젊은이를 길러내자!' 이렇게 정의

하면 되겠네요.

A : 저자가 재미있는 표현을 쓰셨는데요. 구체적인 실천에서요. 소위 X, Y, Z 공식이에요. X- 예수님은 하나님의 아들이셨지만, Y – 하나님의 자리를 버리고 이 땅에 오셨고, Z – 우리를 위해 자신을 주셨다. 무엇 무엇이지만, 무엇 무엇을 하지 않고, 대신 이것을 하는 것이 실천 신앙이다 이런 것인데요.

Q : 신앙의 X, Y, Z 조금 더 구체적으로 말씀해 주실 수 있을까요?

A : 비록 당신이 바쁘고 당신 동역자의 이야기를 들을 시간이 없을지라도(x), 당신은 그를 만날 결심을 하고 당신의 일을 미뤄 두고(y), 그와 함께하고 이야기를 들어주어야 합니다(z).
비록 당신의 딸이 오늘 아침에 아주 무례하게 굴었고, 당신이 딸을 크게 꾸짖을 권리가 있다고 느낄지라도(x), 당신은 딸이 스트레스를 받고 있고 과도하게 지쳐 있음을 인정하고 그 상황을 개인적으로 받아들이지 않고(y), 딸을 인격적으로 대하면서 친절하게 딸의 좌절을 어루만져야 합니다(z).

비록 당신이 새로운 차를 마련하려는 계획을 세우고 있을지라도(x), 당신의 지인이 두 달 치의 집세를 못 내고 있다는 소식을 들었다면 당신은 그의 처지를 안타까워하며 기도하면서(y), 자선 행위가 아니라 진심으로 그를 섬기는 마음으로 그의 집세를 대신 지불해야 합니다(z).

Q : 이런 구체적인 실천이 우리 시대에 신앙을 살아 있게 하는 것이고, 눈에 보이지 않는 하나님을 보는 방식이다. 꼭 기억하고 실천하면 좋겠어요.

2부
청소년과 문학

소년재판과 위기 청소년을 바라보는 16개의 시선

네 곁에 있어 줄게

류기인 외 ‖ 온기담북 ‖ 2024년

강 : 오늘 책은 어떤 것인가요?

김 : 제목이 『네 곁에 있어 줄게』인데요. 부제가 '소년 재판과 위기 청소년을 바라보는 16개의 시선'이에요. 창원지방법원 소년 법정을 맡고 계신 류기인 판사님이 기획했고, 판사님과 이래저래 동역하는 관계자들 열다섯 분이 함께 쓰셨어요. 법원 행정계장, 조사관, 청소년 회복 센터장, 상담가, 국선변호인 등이 의기투합해서 공동으로 쓰신 책입니다.

채 : 아~ 소년 법정에서 일어나는 크고 작은 이야기들을 모은 책이군요. 얼마 전 드라마로 방영된 '소년 심판'과 비슷한 내용일 듯해요.

김 : 맞습니다. 그 드라마로 소년 법정에 관한 관심이 커졌죠. 이 책

으로 인해 관심을 많이 가지길 소망하는 마음으로 소개합니다. 한 달 전쯤에 이 책의 기획자이신 류기인 판사님과 여기 등장하는 공동 저자 그리고 보호센터에 있는 청소년들과 제주도 걷기 학교를 같이 했었어요. 곧 책이 나온다고 했는데 마침 제 손에 들어와 있게 되었어요.

강 : 아~ 그럼 목사님께서 잘 아시는 판사님이시겠네요?

김 : 그렇죠. 그런데 이번에 이 책을 읽으면서 다시 한번 판사님의 따뜻한 마음과 배려를 읽을 수 있었는데요. 책 내용을 잠시 살펴보면, 창원지방법원에서 소년 법정이 하필 119호 법정이라고 해요. 판사님은 이 숫자에 의미를 두셨어요. 119가 우리를 살리러 출동하는 소방관들인 것처럼 119 법정이 소년들을 살리는 법정, 아 살았구나! 하는 안도감을 가질 수 있는 법정이 되어야겠다고 쓰셨어요.

채 : 법정 호실에도 의미를 부여하셨군요. 보통은 아무 생각 없이 아무 뜻 없이 지나칠 텐데 말입니다. 판사님이 참 따뜻하고 좋으신 분 같아요.

김 : 당신께서 쓰신 문장도 참 따뜻해요.

사건 결과만 놓고 본다면, 소년범을 혐오하지 않을 수 없다. 그런데 기록을 하나씩 넘기다 보면 소년이 처한 가정환경이 보인다 ··· 엄벌이 마땅하다고 생각되는 비행들 속에 숨겨진 아우성이 들린다. 소년들의 욕설과 주먹다짐에 묻힌 눈물이 언뜻언뜻 비친다. 기록 속 소년은 어느새 내 앞에 앉아 엉엉 소리를 내며 울고 있다. 한참을 운다.

(p20. 2~4, 15~17줄)

이런 문장들에서 판사님의 따뜻함과 소년들을 향한 배려를 느낄 수 있었어요.

강 : 그럼 이 책의 저자이자 주인공이신 판사님을 만나보겠습니다. 류기인 판사님 안녕하세요?

류 : 안녕하세요. 창원지방법원 소년부 판사 류기인입니다.

채 : 판사님 재판 업무도 정말 바쁘실 텐데, 이런 책을 기획하시고 출간하셨는데요. 책을 출간한다는 것도 만만찮은 작업일 텐데. 어떻게 책을 내게 되셨나요?

류 : 소년부 업무를 해오면서 소년 재판과 이 재판을 둘러싼 현실을 주변에 알리면 좋겠다는 마음이 들었어요. 소년 재판 현장에서 오랫동안 아이들과 동고동락하며 부모보다 더 밀착하여 아이들의 목소리에 귀 기울여 온 분들의 목소리를 들려주고 싶었던 거죠. 다양한 시선과 목소리를 통해 오늘 이 시대의 우리 아이들이 어떤 상황에 놓여 있는지, 우리는 어떻게 해야 하는지 함께 고민하기를 바랐습니다.

강 : 굳이 이런 기획을 하신 이유가 있으실까요?

류 : 소년 재판 관련하여서는 이미 좋은 책이 여러 권 나와 있더라고요. 다만, 아직 담아 내지 못한 목소리들이 있다는 생각이 들었지요. 소년사건은 특성상 수많은 관계자와 기관이 연결되어 있거든요. 소년 재판에서 판사가 적정한 보호처분을 판결하기 위해 참고해야 할 수많은 자료를 만드는 데는 다른 많은 관계자와 기관의 수고가 필요하고요. 그래서 저는 소년부판사 한 명의 목소리가 아니라 다양한 위치의 다양한 목소리를 들려주고 싶었습니다.

김 : 판사님 글에 보면 이런 내용이 있었어요.

각종 경로를 통해 수집된 자료들이 하나로 모이는 곳이 소년부 판사실 책상 위다. 책상 위 기록을 펼치는 순간, 활자들은 영상이 되어 재생된다. 소년과 보호자의 목소리, 보호관찰소와 소년원, 비행 예방센터와 아동 청소년 상담 교육센터, 국선 보조인 선생님의 목소리가 입체적으로 들린다 ··· 소년과 보호자, 선생님의 안타까운 호흡이 그대로 전해진다. 개별 사건들, 소년들은 모두 사연이 있다. 저마다 안타까운 이유가 있다.

(p23. 12~19줄)

이 대목에 굉장히 감동이었습니다. 개별성, 소년들은 각자라는 것, 각자의 사연이 있다는 것, 김 훈의 『칼의 노래』를 보면 이순신 장군이 일본인 포로들을 처단하려 할 때 포로의 눈을 보는 순간, 칼을 멈추거든요. 그 개별성이야말로 내가 싸워야 할 가장 큰 적이었다고 기록하거든요. 판사님은 어떻게 각 사건을 개별적으로, 각 개인을 인격적으로 대할 생각을 하셨나요?

류 : 저는 그리스도인입니다. 하나님께서 세상을 사랑하시고 모든

사람을 사랑하시지만, 전체로서 뭉뚱그려 너희들 모두 사랑한다고 하지 않으신다고 알고 있습니다. 각 사람 한 사람 한 사람 인격적으로 만나주시고, 개별적으로 전적인 사랑을 부어주시는 하나님을 믿고 있습니다. 저의 신앙이, 저의 소년부 업무에서 만나는 아이들에게도 한 명 한 명 인격적으로 바라볼 수 있게 해주는 것입니다.

김 : 판사님 책에 보면,

보호처분은 약 처방과 같다. 소년의 현재 증상을 치료하면서 동시에 재비행을 막아야 한다. 재발을 방지하기 위한 처방을 제대로 찾아야 한다 ··· 고민을 거듭할수록 자연스럽게 기도하게 된다. 그 한 사람의 인생에 필요한 신적 관여를 구하는 셈이다 ··· 119호 법정으로 가는 길은 최대한 천천히, 겸허하고 경건한 태도로 걷는다. 적절한 설명과 함께 가장 알맞은 보호처분이 이루어지길 간절히 기도하면서 ···.

(p25. 3~5, 17~18줄, p26. 2~4줄)

이렇게 적고 있어요. 참 감동인데요. 이 부분을 좀 더 설명해 주시면 좋겠습니다.

류 : 소년법에는 소년보호처분이 종류가 10가지 있습니다. 일부 보호처분은 병합하여 처분을 할 수 있기 때문에 선택의 폭은 어느 정도 됩니다. 그런데 개별 사건을 검토하면서 아이마다 적절한 보호처분을 찾는다는 것이 쉬운 일이 아닙니다. 기록상 보이는 부분이 아니라 기록 이면에 미처 살피지 못한 관계자들도 포착하지 못한 내밀한 부분도 있을 수 있다는 생각이 들었습니다. 결국 사람을 지으신 하나님께서 각각 가장 맞는 처분을 아시리라 믿고 기도하게

됩니다. 책에서의 표현으로는 '신적 관여'를 구하는 것이 기도의 자리입니다.

채 : 판사님 책에 있듯이 걷기학교를 진행하고 계신다고 했는데 어떤 프로그램인가요? 소개를 좀 부탁드립니다.

류 : 현직 교사가 학교생활을 힘들어하는 학생들과 주말에 걷기학교를 함께 한 경험을 담은 『토닥토닥 걷기학교』라는 책을 읽은 것이 큰 자극이 되었어요. 소년 재판에 오는 아이들 대부분은 일대일의 관심과 사랑이 많이 결핍되어 있습니다. 그래서 비록 짧지만, 오롯이 자신만을 위한 멘토와 함께 걷고 대화하는 시간이 자그마한 치유와 회복의 경험이 되지 않을까 생각했지요. 또한 저녁 시간에는 참여자 전원이 모여 '충조평판'(충고,조언,평가,판단) 없는 서클대화를 통해 아이들 스스로 깨닫고 성찰할 수 있기를 바랐어요. 우리 형편에 맞춰 2박 3일 걷기학교를 처음 시도했는데, 반응이 정말 좋았지요. 이렇게 멘토-멘티 일대일 걷기와 저녁 시간의 전체 서클 대화를 두 축으로 하는 2박 3일 걷기학교는 소수의 인원만 함께 할 수밖에 없는 한계가 있어서 보다 많은 인원이 참여할 수 있는 반나절 걷기학교도 진행하고 있습니다.

강 : 마지막으로 전미연 조사관님의 글에 의하면, 성격 좋고 배려심 많은 판사님 덕분에 해야 할 일이 산더미 같다고 하셨어요. 이 부분 설명해 주시면요?

류 : 하하하, 제가 성격 좋고, 배려심 많은지는 잘 모르겠습니다. 급한 성격이라서 실수할 때도 종종 있거든요. 하지만, 가능한 업무를 하면서 상대방이나 다른 기관을 배려하려고 최대한 노력합니다. 그러다 보니 같은 일 처리라 하더라도 품이 더 들게 마련이거든요. 법원 소년부 조사관 입장에서는 일이 많아지는 셈이지요.

채 : 오늘은 창원지방법원 소년법정 류기인 판사님과 동역자들이 함께 쓴 『네 곁에 있어 줄게』를 소개해 드렸어요. 참 따뜻하고 감동적인 내용인데요. 목사님 마치면서 정리의 말을 해 주시면요.

김 : 이 책을 찬찬히 읽어보면 머리에서 나온 것이 아니라 가슴에서 나온 책이라는 것을 알 수 있어요. 말이 아니라 삶에서 나온 책이죠. 또 공동저자 중 몇 분은 본인이 청소년 때 문제아였데요. 그래서 더욱 이 일에 헌신하고 있다는 것도 알 수 있어요. 편견을 갖기 전에 먼저 들으려 하고, 이해하려고 하면 좋겠어요. 저는 판사님과 걸으면서 들었던 이야기를 잊을 수 없어요. "이 친구들이 성인이 되어 세금을 낭비하는 자가 아니라, 세금을 제대로 내는 친구들이 되었으면 좋겠습니다." 감사합니다.

비행非行 청소년들의 행복한 비행飛行을 응원하는 둥지 이야기

다시 아빠 해 주세요!

임윤택 ‖ 엠마우스 ‖ 2021년

A : PD님 딸 키우시죠?

저는 소문난 딸 바보거든요. 딸 하나 있는데 어찌나 사랑스러운지, 딸 키우는 재미로 사는데요. 오늘 소개할 책의 주인공은 말 그대로 딸부자입니다. 평소에는 딸이 10명 정도 되고요. 지금까지 키우신 딸이 거의 200여 명 될 거예요.

Q : 아니, 이게 무슨 말인가요? 평소에 딸이 10명이고 키우신 딸이 200명이라니요? 도대체 어떤 분이신지 또 오늘 소개할 책도 매우 궁금합니다.

A : 오늘 소개할 책은 임윤택 목사님이 쓰신 『다시 아빠 해 주세요!』입니다. 임윤택 목사님은 부산에 있는 둥지 청소년 회복 센터라는 곳을 운영하시는데요. 여긴 법원에서 재판을 받는 보호소년 중 소

년원에 보내기에는 비행성이 약하고, 가정으로 돌려보내기에는 보호 자력이 약한, 보호 환경이 열악한 친구들 특히 여자 보호소년들을 데리고 사는 곳입니다. 2014년부터 시작해서 약 10년 동안 200여명의 청소년들이 6개월 정도 지내다 퇴소했어요.

Q : 아하, 이 책의 저자는 그야말로 청소년 사역의 대부라고 할 수 있겠네요. 수많은 청소년이 거쳐 갔으니 우여곡절도 많았겠어요?

A : 맞습니다. 이런 일 저런 일 참 많았고, 그런 일들을 담백하게 엮어 책으로 내셨어요. 책 제목인 『다시 아빠 해 주세요』의 사연은 지원이라는 청소년인데요. 물론 책에 나오는 이름은 가명입니다. 지원이는 초등학교 5학년 때 부모가 이혼해서 아빠와 함께 살았어요. 그런데 아빠는 자주 술을 드셨고, 술을 드신 날이면 폭행을 일삼은 거죠. 견디다 못한 지원이는 가출했고, 어디 갈 데가 없으니, 가출팸과 생활하다 편의점에서 음식을 훔치다 잡혀서 재판을 받게 된 거예요. 이후 목사님과 연결이 되었고, 목사님은 지원이를 열심히 돌보셨죠. 하지만 지원이는 자기 인생에 간섭하지 말라고 저항했고, 이후 다시 범죄에 가담하게 되어 이번에는 소년원을 가게 된 거죠. 목사님이 이 소식을 듣고 지원이의 생일에 소년원을 찾아가 케이크와 함께 축하하셨다고 해요. 소년원에서 지원이가 목사님에게 한 말이 '다시 아빠 해 주세요.'였다고 합니다.

Q : 아, 사연이 정말 만만치 않네요. 어디 텔레비전에 나오는 이야기를

듣는 느낌이에요. 이 책의 저자이신 임윤택 목사님은 이런 아이들을 늘 돌보셨고, 지금도 함께 생활하시고 있는 거죠?

A : 그렇습니다. 희진이라는 아이의 사연은 더 구구절절합니다. 희진이 역시 초등학교 2학년 때 부모가 이혼했고, 양쪽 다 양육을 포기해서 보육원에서 자랐다고 해요. 보육원 생활이 답답해서 뛰쳐나왔는데 소위 노는 오빠들을 만난 거죠. 그런데 그 오빠들에게 성폭행을 당하고, 더 놀라운 것은 그 오빠들이 희진이에게 성매매를 강요한 거죠. 희진이도 보호관찰 처분을 받고 목사님과 지내게 되었죠, 그렇게 착실하게 잘 지내는것 같았는데 역시 둥지를 뛰쳐나가 다시 성매매에 가담하게 되어 소년원에 가게 된 거예요. 목사님께서 "희진아 잘 살아보기로 약속했잖아, 평범하게 살고 학교 다니기로 했잖니?"하니까, 희진이가 "제기랄, 평범하게 살아 봤어야 평범하게 살지!"라고 대답해요. 저는 이 대목을 읽으며 마음이 많이 아팠어요.

Q : "평범하게 살아 봤어야 평범하게 살지." 이 말이 울림이 큽니다. 그래요. 우리가 특별하게 살지는 않지만, 이 책을 읽다 보면 평범하게 사는 것이 얼마나 큰 행복인지 알게 될 것 같아요. 또 어떤 사연이 있나요?

A : 정아라는 아이의 사연인데요. 이 친구는 자신의 손목을 그어 자살을 시도했어요. 이 아이 역시 부모의 이혼 후 남자아이들과 어울리다가 끔찍한 일을 당했고, 이어 범죄에도 가담하게 되어 이런저

런 일로 결국 둥지로 오게 된 것이죠. 근데 정아가 법적 분쟁에 연루되었는데 이 사연을 들은 변호사님이 공짜로 변호를 맡아 주시겠다고 한 거예요. 그러면서 변호사님은 "이거 공짜 아니다. 나중에 커서 돈 벌어서 갚아야 한다. 나 엄청 비싼 변호사야." 이어서 "아름다움은 앓음다음이란 말이 있단다. 그동안 아주 아프고 힘들었을 텐데 이 시간을 잘 극복해서 다음에 더 아름다워질 거야."라고 하셨어요.

Q : 아름다움은 앓음다음이다. 정말 멋진 말이네요. 아픈 만큼 성숙해지는 것이고요. 이 책을 보면 저자인 둥지 센터의 임윤택 목사님은 정말 멋진 분같아요. 또한 아이들을 위해서 다양한 분이 돕고 있구나! 하는 것을 느꼈거든요.

A : 맞습니다. 이렇게 저렇게 많이들 도와주시는데요. 판사님, 변호사님 그리고 국회의원도 도움을 주시고, 이 책 사연에도 나오는데 동네 짜장면집 사장님과 국밥집 사장님은 웬 이상한 아저씨 한 명이 여러 명의 여학생과 밥 먹으러 와서 도대체 뭐 하는 분인가 하다가 사연을 듣고 나서는 배고플 때마다 언제든 들르라고 했다고 해요. 또 극단을 이끄는 단장님은 연극을 통해 아이들과 교감하시고, 글쓰기 학교를 운영하시는 목사님은 글로 아이들을 만나 주시고, 정신과 원장님은 아이들을 무료로 상담해 주시기도 하고, 둘러보면 좋으신 분이 참 많은 것 같아요.

Q : 그래서 이 책을 읽으면 이런 아이들이 우리 사회에 있구나! 하는 안타까움도 느끼지만, 이 친구들을 위해 다양하게 도움을 주는 분이 있어서 우리 사회가 참 따뜻하구나! 하는 것도 알게 되었어요. 참, 목사님도 이 친구들 만나셨다면서요?

A : 네, 저도 세 번 정도 만났어요. 목사님께서 제주도에 아이들과 오셨을 때 유적지 설명과 함께 저녁에 강의했었어요. 작년에는 둥지에 갔던 적도 있어요. 그때 아이들에게 즉석 강의를 한 적도 있어요. 중요한 것은 아이들을 외적으로 판단할 것이 아니라 정말 외로운 아이들이구나, 사랑이 필요한 아이들이구나 하고 바라봐 주는 것 같아요. 사랑이 고픈 아이들이니까요.

Q : 그래요, 사랑이 고픈 아이들, 세상에 나쁜 아이들은 없다는 사실을 알려주는 임윤택 목사님의 『다시 아빠 해 주세요』를 살펴보았습니다. 우리 모두 주위를 둘러보고 우리의 사랑이 필요한 곳이 있는가 살펴보면 좋겠습니다.

침묵

엔도 슈사쿠 ‖ 김윤성 옮김

‖ 바오로 딸 ‖ 2017년

A : 오늘은 일본의 문학가 한 분을 소개하려고 해요. 바로 엔도 슈사쿠라는 분입니다. 작년 2023년이 엔도 탄생 100주년이어서 일본에서도 이 분의 작품에 대해 많은 관심과 행사가 있었어요. 엔도는 1923년 도쿄에서 태어나 1996년 세상을 떠났어요. 그는 어릴 적 아버지를 따라 만주로 이주를 했어요. 그런데 그곳에서 아버지가 어머니를 버리자 어머니와 함께 도쿄로 다시 돌아왔어요. 1943년에 게이오대학 불문과를 입학했고, 1950년 프랑스 리옹 대학으로 유학을 갔었어요.

Q : 우리 입장에서 보면 일제강점기에 태어난 분이네요. 일본이 한창 전쟁을 일으킨 시점에 청소년기를 거친 것 같군요. 그리고 일본이 패망한 시점에 대학생이었네요. 아버지로부터 버림을 받기도 했구요.

A : 맞습니다. 그래서 엔도 슈사쿠는 어떻게 보면 상처가 많은 사람입니다. 12살 때 이모를 따라 교회를 갔다가 세례를 받았고 기독교 신자로 살았어요. 그래서일까요? 일반 문학도 많이 남겼지만 기독교 문학으로 우리에게 유명하고 또 감동을 많이 주시는 분이었어요. 대표작은 『침묵』으로 몇 년 전에 세계적 거장 마틴 스코세지 감독이 영화로 만들어서 더욱 알려지게 되었습니다.

Q : 『침묵』은 17세기 일본에서 기독교인이라는 이유 때문에 고난 받았던 신자들의 이야기이지요?

A : 맞습니다. 17세기 에도막부시대입니다. 역사적으로 보면 임진왜란 이후에요. 도요토미 히데요시가 조선 침공에 실패해 죽고 도요토미 히데요시 사후에 도쿠가와 이에야스가 권력을 잡고 소위 에도막부시대를 열게 됩니다. 도쿠가와는 당시 포르투갈 신부들을 모두 추방하고, 일본에서 기독교 신앙을 가지는 자는 모두 처형한다고 선언을 해요. 그 때 숨어 지내던 신자들의 이야기를 소설에서 그렸어요.

Q : 『침묵』이라는 소설의 시대적 배경은 17세기 초 일본, 기독교 금지령이 내린 시점이네요.

A : 배경은 일본 규슈현의 나가사키 지방의 소토메라는 곳입니다. 나가사키는 16세기부터 일본의 공식적인 개항이었어요. 이 곳으로

서양의 무역선들이 드나들었죠. 그러다보니 자연스럽게 포르투갈, 네덜란드 등의 상인과 군인 그리고 선교사들이 나가사키로 들어오게 된 것이죠. 이야기는 두 신부가 포르투갈을 떠나 아프리카 희망봉을 돌아 인도 고아에 도착하고, 이어 필리핀을 거쳐 나가사키로 잠입하는 것으로 시작됩니다. 오래 전 일본에서 사역하던 페레이라 신부가 기독교 신앙을 버렸다는 소식을 듣고 그 진상을 조사하고 아울러 일본내에 남아 있을 기독교 신자들을 북돋우기 위해 두 신부, 세바스티앙 로드리고와 프란치스코 가르페가 일본 땅으로 들어온 것이죠.

Q : 정리를 해 보면, 에도막부가 기독교 금지령을 내렸는데, 오래전 파송된 신부가 배교를 했고, 이에 걱정이 된 선교 본부가 젊은 두 신부를 다시 보낸 것이네요.

A : 그렇습니다. 이들은 소토메 지역 산중에 몰래 숨어 살며 신앙을 유지하고 있는 신자들을 극적으로 만나게 됩니다. 그리고 그들과 함께 산 속에 숨어 살며 이들의 신앙을 다시 바로 잡고 교리를 가르칩니다. 하지만 얼마 후 이들은 밀고자에 의해 발각되죠. 우선 일본인 신자였던 모키치와 이치조가 검거되어 바닷가에 세워진 십자가에 달려 처형당합니다. 이 상황을 감내해야 했던 로드리고 신부가 본부에 보낸 편지에서 이렇게 적고 있어요.

순교였습니다. 그러나 얼마나 기막힌 순교입니까? 나는 오랫동안 성인전에 쓰인 그런 순교를 - 예를 들면 그 사람들의 영혼이 하늘로 돌아갈 때, 하늘에는 영광의 빛이 감돌고 천사들이 나팔을 부는 그런 혁혁한 순교를 꿈꾸어 왔습니다. 하지만 지금, 신부님에게 이렇게 보고하고 있는 이곳 신자들의 순교는 그와 같은 혁혁한 것이 아니고, 이토록 비참하고 이토록 아픈 것이었습니다. 아, 비는 쉴 새 없이 바다에 내립니다. 그리고 바다는 그들을 죽인 뒤에도 무섭게 침묵만 지키고 있습니다.(p102. 18줄~p102. 4줄)

Q : 이 대목에 침묵이라는 말이 등장하는군요. 그러니까 신자들이 순교를 당하고 있는데 아무런 응답이 없는 상태를 말하는 것이네요. 무슨 기적 같은 것이 일어나야 하는데 말이죠.

A : 이후에 두 신부도 검거되는데, 가르페 신부는 순교를 선택해요. 하지만 로드리고는 소위 삶을 선택합니다. 당시 그곳을 통치하던 주군은 이노우에라는 사람인데 참으로 교활합니다. 이노우에는 로드리고 신부를 감옥에 가두어 두고 회유를 유도합니다.

백성들은 가엾은 자들이오, 그런데 저 사람들을 살리느냐 죽이느냐는 신부인 당신 태도에 달려 있다고 보는데 ….(p151. 3~6줄)

무슨 말인가 하면, 신부인 당신이 소위 후미에- 예수님의 얼굴을 그린 동판이에요. 이걸 밟고 지나가면 가엾은 백성 신자를 살려주겠다는 것이죠. 배교를 하고 안 믿겠다고 하면 로드리고 뿐 아니라 다른 일본인 신자들도 살려주겠다는 거예요. 하지만 거절하면 로드리고 뿐 아니라 가엾은 신자들도 다 처형하겠다는 것이죠.

Q : 어쩌면 로드리고는 진퇴양난이네요. 자신이 배교하면 일본인 신자

들의 목숨은 유지되고, 자신이 순교하면 자신 뿐 아니라 일본인 신자들도 함께 처형되는 상황이네요.

A : 자신의 목숨이야 버릴 준비가 되어 있었지만, 로드리고가 갈등했던 이유는 무고한 신자들이었어요. 로드리고 신부의 갈등을 엔도는 이렇게 묘사합니다.

그리스도가 유다에게 팔린 것처럼 자기도 기치지로에게 팔렸고, 그리스도와 마찬가지로 자기도 지금 지상의 권력자로부터 심판을 받으려 하고 있다. 그분과 자기가 서로 비슷한 운명을 지니고 있다는 이런 감각은, 이 비 오는 밤 쑤시는 듯한 아픔으로 신부의 가슴을 조인다.(p218, 19~23줄)

Q : 이렇게 고뇌하고 잠 못 자는 상황에서 주님은 침묵하고 계셨다고 로드리고 신부가 느낀 것이군요. 무언가 뾰족한 해답을 얻을 수 없어서요.

A : 그게 제일 답답한 것이었죠. 마치 하나님이 침묵하시는 듯한, 아무런 해답이 없는 듯한 그런 상황이 가장 힘들었던 것이죠. 오랜 기도와 갈등, 심사숙고 끝에 결국 로드리고는 후미에를 밟기로 결정합니다. 일본인 신자들을 살리기 위해서죠.

신부는 발을 올렸다. 발에 둔중한 아픔을 느꼈다. 그것은 형식이 아니었다. 자기는 지금 자기 생애 가운데서 가장 아름답다고 여겨온 것, 가장 성스럽다고 여겨온 것, 인간의 가장 높은 이상과 꿈으로 가득 차 있는 것을 밟는 것이었다. 이 발의 아픔, 이때 밟아도 좋다고 목판 속의 그분은 신부를 향해 말했다. 밟아도 좋다. 나는 너희들에게 밟히기 위해 이 세상에 태어나, 너희들의 아픔을 나누어 갖기 위해 십자가를 짊어졌다.

(p296, 16~23줄)

로드리고가 이렇게 결정한 것은 결국 자신을 희생해서 신자들을 살리기 위해서였어요. 마치 예수님께서 자신을 십자가에 내어주고 제자들을 살리신 것처럼요. 물론 로드리고는 형식적이긴 하지만 배교를 결정했지요. 그래서일까요. 엔도는 이 장면에 이어 이렇게 묘사하고 있어요.

이렇게 해서 신부가 성화에다 발을 올려놓았을 때, 아침이 왔다. 닭이 먼 곳에서 울었다.(p297, 2~3줄)

Q : 아, 엔도는 이 장면을 베드로가 예수님을 부인한 것으로 묘사했군요. 닭이 먼 곳에서 울어왔다.

A : 맞습니다. 베드로가 비록 십자가 앞에서 예수님을 부인했지만, 다시 회개하고 돌이키잖아요. 물론 주님이 먼저 베드로를 찾아오셨어요. 그러니 엔도는 이 장면을 통해 비록 지금 로드리고가 배교를 결정하지만 주님이 그를 다시 찾아오실 테고 결국 베드로처럼 회개하고 다시 일어설 것을 암시하는 것이죠.

엔도 슈사쿠는 『침묵』이란 소설, 그 중에서도 로드리고 신부 그리고 로드리고를 배반했던 기치지로라는 인물을 통해 우리의 연약함을 묘사하려고 했어요. 늘 승리하고 승승장구하는 신앙, 누구처럼 목숨을 내 놓는 신앙, 혹은 주일성수 문제가 걸리자 당당하게 사표를 쓰는 그런 사람들도 있을 수 있지만, 내가 처한 복잡다단한 상황에서 고뇌하고 갈등하고, 때로는 넘어지기도 하지만 다시 일어서고, 그러면서 한 단계씩 신앙의 사다리를 오르는 그런 인물을 그리고 싶었던 거죠. 그런 신앙도 있다고, 그런 고뇌도 신앙의 한 단면이라고요. 전 개인적으로 이런 엔도의 스토리를 좋아해요. 그리고 어쩌면 우리도 대부분 이렇게 살아가고 있을 테니까요.

숙적

엔도 슈사쿠 ‖ 조양욱 번역 ‖ 포북 ‖ 2008년

Q : 목사님 오늘은 엔도 슈사쿠의 또 다른 소설을 소개해 주시는 거죠?

A : 네, 오늘은 『숙적』이라는 소설입니다. 역시 일본에서 기독교인으로 살았던 한 무사의 이야기입니다. 시대상으로 『침묵』이 17세기 중반이었다면, 『숙적』은 16세기 후반에서 17세기 초반까지의 내용을 다룹니다. 『침묵』이 도쿠가와 이에야스의 에도막부 때 이야기라면, 『숙적』은 토요토미 히데요시 치하의 이야기입니다.

Q : 토요토미 히데요시요? 그럼 우리 역사로 보면 임진왜란과 연관이 있겠네요?

A : 이 소설은 1582년에서 시작합니다. 1592년에 임진왜란이 일어났으니까 그 시점에서 약 10년 전 이야기부터 시작합니다. 당시 일본

은 전국적으로 혼란기였구요. 각 지역의 군주가 치열하게 서로 전쟁을 하면서 영토 싸움을 하던 때였어요. 이 때 최고의 힘을 소유한 자는 오다 노부나가였어요. 천하통일을 눈앞에 두고 있었는데 그만 가신의 배신으로 죽게 됩니다. 이 때 발빠르게 움직인 사람이 두 명 있었는데 도요토미 히데요시와 도쿠가와 이에야스에요.

Q : 엔도 슈사쿠의 책이 역사소설이다 보니 우리가 잘 알지 못했던 일본 역사도 배우게 되네요. 소설도 읽고 일본 역사도 배우고 일석이조라 할 수 있겠어요.

A : 이 책의 주인공은 두 명입니다. 도요토미 히데요시의 수하에 있던 가신, 즉 사무라이로 한 명의 이름은 가토 기요마사이고, 다른 한 명은 고니시 유기나가 입니다. 가토 기요마사는 규슈현 구마모토 출신의 전형적인 사무라이였구요. 고니시 유키나가는 사카이 지역의 상인 출신이었어요. 이 두 사람이 임진왜란 때 1군과 2군을 이끌고 조선을 침략했지요.

Q : 제목이 『숙적』인데 그렇다면 가토 기요마사와 고니시 유키나가 이 두 사람이 서로 대치했다는 것인가요?

A : 맞습니다. 도요토미 히데요시는 자신의 가신들을 교묘하게 서로 경쟁하게 함으로 충성을 하게 했어요. 서로 경쟁하고 경계하게 함으로 자신에게 배신하지 못하도록 했지요. 따라서 가토와 고니시

는 평생 동지였지만 속마음을 나누지 않은 채 서로 숙적으로 지냈어요. 게다가 더욱 큰 문제는 고니시 유키나가는 세례를 받은 기독교 신자였다는 점이었어요. 고니시의 아버지 류사는 전형적인 상인이었기에 포루투칼이나 네덜란드 등과 무역을 하기 위해 카톨릭 신앙을 받아들였고 세례도 받았거든요. 그런데 도요토미가 정권을 잡은 후 소위 기독교 금지령을 내립니다. 가토는 이 부분을 알고 있었기에 고니시를 은근히 견제했어요.

Q : 가토는 전형적인 무사였지만 고니시는 상인의 아들이었고 필요에 의해 기독교 신자가 된 것이네요. 두 사람은 경쟁 상대였는데 가토가 고니시의 신앙을 약점 잡았군요.

A : 도요토미 부대가 다카마쓰 성주인 시미즈 무네하루를 항복시켰을 때 시미즈 무네하루는 그들의 방식대로 성문을 나와 항복의 표시로 할복을 시도합니다. 이것을 지켜보던 도요토미의 가신인 이츠마쓰가 이렇게 말합니다.

"기리시탄은 할복하면 안 된다는 소문을 들었는데 정말이야? 그게 사실이라면 저 무네하루의 최후를 어떻게 생각해?" 야쿠로의 얼굴이 비에 젖은 채 잠자코 있자, 이시다 사스케와 가토 도라노스케를 제외한 다른 군사들이 이런 말과 함께 웃음을 터트렸다. " 야쿠로는 싸움에서 져도 자결하기는커녕 순순히 적의 포승줄에 묶여 갈 모양이야!" 바로 그 때 ··· 야쿠로는 가토 도라노스케가 웃지도 않고, 웃음 대신 노골적으로 멸시의 눈초리를 자신을 향해 던지더니 옆으로 고개를 돌리는 장면을 목격했다. 그런 도라노스케가 너무나도 얄미웠다. 뼈에 사무치도록 증오심이 일었다.(p53. 2~13줄)

이 때부터 사실상 가토와 고니시는 숙적이 된 셈입니다.

Q : 어떻게 보면 고니시 유키나가가 신앙을 가지고 있었기 때문에 도요토미의 눈치 뿐 아니라, 가토의 시선도 늘 경계해야 했던 것 같네요. 서로 겉으로는 친구처럼 지내지만 속으로는 원수처럼 지내는 사이인 것 같아요.

A : 도요토미가 오다 노부나가의 죽음 이후에 사실상 천하를 통일하고 오사카에 성을 세우고 다이묘, 즉 왕으로 세워집니다. 이 때 도요토미 히데요시가 기리시탄 금지령을 내리게 됩니다. 자신의 휘하 모든 장수들, 신하들에게 기독교 신자 금지령을 내리죠. 당시 도요토미 히데요시의 핵심 신하 중 한 명인 다카야마 우콘과 고니시 유키나가가 기독교 신자였거든요. 이 때 도요토미는 가토에게 가신들의 종교를 확인해 오라고 명령을 내립니다.

도라노스케의 목소리가 여기서 한 옥타브 높아졌다. "전하께서는 저마다의 거취를 확실히 밝힌 다음 돌아가도록 이 도라노스케에게 명하셨소. 기리시탄을 버릴 것인가, 그도 아니면 전하께서 내려주신 영지를 반납할 것인가? … 고니시 야쿠로는? " 도라노스케가 야쿠로에게 반말을 던지며 얼굴을 째려보았다. "분부대로 좇아서 … 앞으로는 기리시탄의 가르침을 … 믿지 않겠소이다." 눈을 감고 대답하는 야쿠로의 목소리가 심하게 떨렸다. 남은 사람은 다카야마 우콘 한 사람 뿐이었다. 그 역시 정좌한 채 눈을 감고 있었으나 이마에는 땀이 배어나고 있었다. 눈을 감고 있었다기보다 필사적으로 기도하고 있었던 것이다. "다카야마 님은?" "영지와 가신, 양쪽 다 전하께 돌려드리도록 하리다. 전하께서 내려 주신 은혜는 바다보다 깊지만, 이 우콘으로서는 하나님의 은총이 그보다 더

소중하오이다.(p152. 13~16줄, p153. 3~13줄)

Q : 그러니까 도요토미 히데요시가 기리시탄편집자 주: 일본에서 기독교를 일컫는 옛말 신앙을 금지하고, 만약 어길 경우 모든 관직을 박탈하고 심지어 재산까지 몰수하게 했다는 말씀이네요. 그런 명령에 다카야마 우콘이라는 장수는 모든 걸 다 포기하고 신앙을 지켰는데, 고니시는 자신의 지위와 재산을 포기하지 못해서 신앙을 포기했고요.

A : 그런데 실제로는 고니시의 상황은 복잡합니다. 『숙적』 제1권 제8장의 제목이 '면종복배'面從腹背이거든요. 앞에서는 복종하되 뒤에서는 배신한다는 뜻인데, 고니시 유키나가의 현실을 반영하는 말입니다.

세 사람이 그런 이야기를 주고받는 동안 고니시 야쿠로만은 구석에서 입을 열지 않은 채 우두커니 앉아 있었다. 그는 그 순간 자신을 자상하게 대해 주면서 무장이 되기 위한 수단을 가르쳐 준 다카야마 우콘을 배신한 것 같은 굴욕감과 창피함을 곱씹고 있었다. 그러나 그렇다고 해서 야쿠로가 우콘처럼 용기를 낼 수 있는 처지도 아니었다. 히데요시에게 대들만큼 강한 카톨릭 신앙을 지니고 있지 않았을 뿐만 아니라, 간신히 얻은 현재의 지위를 잃고 싶지도 않았다.(p156. 19~23줄, p157. 1~4줄)

고시니의 갈등을 엿볼 수 있습니다. 자신을 무사로 키워주고 카톨릭 신앙에 있어서도 가이드 역할을 했던 우콘을 배신한 아픔을 안고 살아야 하지만 이제 겨우 인정받는 젊은 나이의 장수가 되었는데 모든 것을 내려놓을 수도 없었던 거죠. 그래서 그는 면종복배를 택할 수밖에 없었던 것이죠.

Q : 면종복배, 히데요시 앞에서는 기리시탄 신자가 아닌 것처럼 하고, 뒤에서는 몰래 자기 신앙을 유지하겠다는 뜻이네요.

A : 그러다가 드디어 1592년 정월 초닷새, 새해 인사를 하러 모인 인근 지역 영주들을 앞에 두고 히데요시는 조선 출정을 선언합니다. 그에 따르면 제1군은 고니시 유키나가이며, 제2군은 가토 기요마사를 총 지휘자로 임명합니다. 이 명령을 수행하기 위해 고니시는 결심합니다.

돌발적인 히데요시의 기리시탄 금지령, 그 앞에서 우큰처럼 저항하지 못했던 초라하기 짝이 없는 자신의 모습을 그 후 단 하루도 잊을 수 없었다. 그러나 5년이 흐른 지금, 그토록 겁쟁이였던 자신에게도 나름대로의 생존법, 나름대로의 처세법이 있다는 사실을 깨닫게 되었다. 면종복배, 이중적인 생존법, 남들은 그것을 비열하다고 하고, 비겁자라며 욕을 퍼부을지도 모른다. 뱃속이 시커멓다고 혀를 찰지도 모른다. 그렇지만 그것 외에 간파쿠 히데요시와 같은 권력자에게 저항할 방법이 어디 있단 말인가? 그것이 유키나가의 심정이었으며, 결의였다.(p255, 10~19줄)

Q : 고니시 유키나가의 인생 지침이 되었네요. 나름의 처신술이기도 하구요. 어쨌든 자신의 기독교 신앙을 버리지는 않겠다는 결심이네요.

A : 이후에는 임진왜란의 전장이 소설에 펼쳐지는데, 고니시와 가토는 앞 다투어 먼저 공을 세우려고 치열하게 전쟁을 일삼습니다. 그

러다 고니시의 마음에 가토를 저주하는 사건이 발생합니다. 한양을 공격할 때 이미 조정은 피난을 갔는데, 당시 고니시는 임진강 부근에 진치고 있던 김명원에게 화해를 하자는 친서를 보냅니다. 김명원은 상부에 보고하고 3일 뒤에 답을 주겠다고 했지요. 하지만 이 사실을 알아낸 가토는 자신의 부하들을 보내어 오히려 고니시의 뒤통수를 치는데, 곧 경복궁을 불태워 버립니다.

주먹을 쥐고 벽을 두드리면서 유키나가는 기요마사를 저주했다. 그는 그 나름대로 이 순간처럼 상대에 대한 증오심을 불태운 적이 없었다. (어리석기 짝이 없는 그 따위 짓을 저지르다니) 유키나가는 모든 것이 수포로 돌아갔음을 깨달았다. 모든 것이 이로써 막을 내렸다고 여겼다. 기리시탄인 그는 이 순간, 믿었던 하나님에게조차 분노를 터뜨리고 싶은 심정이었다.(p294, 12~18줄)

Q : 고니시는 어쨌든 조선군과 화친을 청해서 피를 흘리지 않고 전쟁을 끝내려 했던 것인데 친구였으나 그의 숙적이었던 가토가 엉망으로 만들고 말았군요. 그래서 더욱 증오가 생겼고요.

A : 엔도 슈사쿠는 전쟁 중의 고니시의 심리 묘사를 잘 표현해 주고 있습니다. 그의 마음속에 작지만 기리시탄의 불꽃, 즉 신앙의 불꽃이 남아 있어서 잔인한 전쟁을 얼른 끝내려고 한 것이죠. 전쟁, 살육을 그만 끝내고 고향으로 돌아가 조용히 살고 싶었던 것인데, 가토가 초를 친 것이죠. 이런 흥미진진한 내용이 숙적 2권으로 이어집니다. 가토와 고니시 그리고 히데요시, 이에야쓰의 속고 속이는 흥미진진한 내용이 펼쳐집니다. 그 중에서도 고니시가 자신의 신앙

과 현실 사이에서 고뇌하고 어쩔 수 없이 면종복배하는 장면들을 만나실 수 있습니다.

Q : 1권을 한 단어로 표현한다면 면종복배인 것 같아요. 우리 삶에서 어쩔 수 없이 신앙과 일 사이에 갈등할 수도 있을텐데 이 시간을 통해 어떻게 극복하고 이겨낼 지도 생각해 보면 좋겠습니다.
그럼 『숙적』 2권을 소개해 주실까요?

A : 2권의 시대적 배경은 일본의 토요토미 히데요시 치하이고, 1590년경입니다. 주인공은 네 명 정도라 보시면 되요. 우선 도요토미 히데요시, 도쿠가와 이에야스 그리고 실제의 주인공은 가토 기요마사, 고니시 유키나가입니다. 가토와 고니시는 도요토미 히데요시의 가신인데 두 사람의 관계가 별로 좋지 않아요.

Q : 이 소설을 통해 일본 측 사료, 즉 일본인의 입장에서 본 임진왜란과 그 선봉에 선 장수들의 사정을 알 수 있게 되었어요. 그리고 우리 역사에서는 잔인한 사람으로 알려진 고니시가 실제로는 기독교인이었고 전쟁을 빨리 끝내려 했다는 것이 인상적입니다.

A :『숙적』 2권이 시작되면, 도요토미 히데요시의 또 다른 가신인 미쓰나리라는 사람이 등장합니다. 미쓰나리는 일본 본토에 남아 도요토미를 모신 인물인데 이 사람이 도요토미의 명을 받고 조선 땅으로 건너옵니다. 전장을 살피기 위해서죠. 당시 고니시는 파죽지

세로 공격하여 평양성에 주둔하고 있었어요. 두 사람이 만나는 장면에서 고니시가 미쓰나리에게 주군이 왜 자기를 1선봉장으로 세웠는지 묻습니다. 그 때 미쓰나리는 "당신이 조선을 제일 잘 아니까 그런 것 아니겠어요." 하고 대답하죠. 고니시가 다시 묻습니다. "진심이 무엇인지요?" 그제서야 미쓰나리는 "유키나가를 위시한 기리시탄 가신들을 이 이국땅에서 개죽음을 당하도록 만드실 심산이 아니었을까? 실컷 부려먹은 다음, 남의 나라로 쫓아버리겠다는 속셈이시지 않을까?"라고 말합니다.

Q : 미쓰나리의 말을 들은 고니시의 마음이 흔들리겠는데요. 결국 자신을 조선 땅 험지에 보내놓고 이기면 다행이고 지면 죽어 없어지니까, 자신을 소모품으로 쓰려고 했다는 말을 들으면 배신감을 느낄 것 같아요.

A : 고니시는 생각지도 못한 소식을 듣게 되는데, 명나라가 군사를 파견하기로 했다는 소식이었죠. 그리고 조선의 남해안에서 이순신이라는 장수가 일본수군을 연일 격파하고 있다는 소식이었어요. 여름은 다가오고, 평양성에 고립된 고니시의 갈등이 점점 커지게 된 것이죠. 엔도 슈사쿠는 고니시의 고뇌를 이렇게 묘사합니다.

유키나가는 매일 저녁 휘하 기리시탄 병사들을 광장에 모아놓고 함께 하나님에게 기도를 올렸다. 그는 기도를 올리면서 이런 말을 잊지 않고 덧붙였다. "저의 이 바람을 부디 이루게 하여 주옵소서." 하지만 그토록 믿어 온 하나님이 도대체 이 무익한 살육에 언제 종지부를 찍어 주실지 도통 짐작할 길이 없었다 ··· 날마다 거의 절망적인 기분과 일련의 희망이 교차하는 가운데 이국에서 8월을 보낸 유키나가가 아내 이토에게 이런 편지를 보냈다. "이 나라의 더위는 견디기 힘들고, 견디기 힘든 것은 비단 더위 뿐만이 아니며, 우토로 돌아갈 희망도 없는 이 신세여." 그러나 바로 그 8월 하순에 그가 받드는 하나님이 유키나가에게 기적과도 같은 선물을 안겨 주었다.(p34. 20줄~p35. 2줄, 11~14 줄)

Q : 기적과도 같은 선물이라면 어떤 것일까요? 고니시가 몰래 기도한 것이 이루어진 것인가요?

A : 심가왕이라는 조선인이 평양성으로 찾아온 것인데요. 그는 자신이 심유경의 종자로서 명을 받들어 왔고, 심유경은 명나라 석성 장군으로부터 교섭을 위임받은 사람이라는 것이었어요. 내용인즉, 명나라와 일본 간 조선 땅에서 더 이상 전쟁을 하지 말고 화해를 하자는 것이었지요. 그리고 대동강을 기준으로 위쪽은 명나라가 통치하고, 그 이남은 일본이 통치하자는 것이었어요. 어쨌든 전쟁을 끝내자는 것이었으니 고니시의 입장에서는 좋은 소식이었지요.

Q : 그런데 만약 이 조건이라면 조선은 없어지는 것 아닌가요? 마치 일제강점기 이후에 북쪽은 소련군이, 남쪽은 미군이 분할 통치한 것과 같네요.

A : 하지만 이것은 심유경의 노련한 속임수였어요. 고니시에게는 안심을 주고, 대신 그 기간에 조명 연합군 약 4만 명이 집결하는 시간을 벌었던 것이죠. 결국 2차, 3차에 걸쳐 협상을 질질 끌던 심유경은 조선 왕실에도 이 사실을 알리고, 계획대로 약 4만 명의 조명 연

합군이 평양성을 공격했거든요. 당시 고니시가 이끌던 일본군 병사는 1만 5천명 정도였기에 대패를 하고 군사 절반을 잃고 후퇴하게 되었죠. 고니시로서는 참패를 당하고 물러서야 했던 것이죠.

Q : 고니시의 입장에서는 말이 아니겠군요. 믿었던 도끼에 발등 찍힌 격이네요. 그의 신앙도 흔들렸을 것 같아요.

A : 한편 이 소식은 일본에 전해졌고, 이 때 고니시를 못마땅했던 가토 기요마사는 이 기회를 자신의 입지를 강화할 절호의 기회라 여겼죠. 가토는 마침 서해안 일대에서 명나라 부대 약 2만 명을 물리친 다음이기에 그 기세가 하늘을 찌를 듯 했죠. 마침내 미쓰나리, 고니시 그리고 가토는 한양성에 모였는데 아니나 다를까 가토는 고니시를 몰아세웠어요. 이런 저런 일을 겪은 고니시는 크게 고뇌하죠. 그러다 고니시는 몰래 큰 계획을 세웁니다. 그것은 곧 자신의 주군이자 왕인 도요토미 히데요시를 암살하기로 한 것이었어요.

이 일은 쉽지 않은 일이지요. 하지만 고니시가 이런 생각을 한 것은 전세 파악을 한 결과인데요. 조선에서는 명나라와 힘을 합쳐 의병들이 계속 일어나고 있었고 또 남해 바다에서는 연일 이순신 장군의 승전보가 들려왔기 때문이죠. 게다가 가토 기요마사는 강경파로써 일본군이 다 죽더라도 끝까지 싸우자고 주장했어요. 결국 고니시는 도요토미 히데요시를 죽여야 이 전쟁도 끝날 것이라 판단하죠. 그래서 그는 독약을 몰래 구해서 자신의 형인 조세이에게 건네고, 조세이는 고니시의 부인 이토에게 독약을 건네죠. 이토가 도요토미 히데요시의 총애를 얻고 있었기에 몰래 그에게 접근해서 독살하려고 한 것이죠.

Q : 그런 일이 있었군요. 그런데 어쨌든 사람을 죽이는 것은 살인이잖아요. 고니시는 그래도 기독교인인데 누군가를 암살하는 것에 대해서 고민이 있지 않았을까요?

A : 물론 고민이 있었죠. 엔도 슈사쿠가 이 부분을 묘사한 것을 읽어 드릴께요.

심야, 유키나가의 형 조세이가 이토의 숙소를 찾아가 몰래 독약을 건네주었다. 그것은 회갈색의 가루로, 샴국에서 자라는 바곳과 닮은 풀에서 추출한 것이었다. "복용하면 그 자리에서 죽습니까?" 이토의 질문에 조세이가 고개를 저었다. "금방 죽지는 않는 모양이더군. 차츰 차츰, 오장육부를 망가뜨려 급기야는 쇠약하여 일어나지도 못하게 돼." "그렇습니까?" "하지만, 이토!" 조세이가 괴로운 표정을 지었다. "우리가 지금부터 하려는 것은 기리시탄이 가야할 길에서 어긋나는 것 아닐까?" 조세이는 아무리 동생의 부탁이라고는 하지만 그것이 계속 마음에 걸려 견디기 어려운 모양이었다. 동생과 달리 그는 소심하고 충실한 신자였다. "아닙니다." 그 같은 조세이의 기분을 단호하게 붙잡으려는 듯이 이토가 대답했다. "저는 그렇게 여기지 않습니다. 이 전쟁으로 인해 일본의 모든 무사는 물론이거니와 백성까지 얼마나 고통을 당하는지 모르는 사람은 단 한 명도 없습니다. 우토에서도, 아마쿠사에서도 남자가 사라지는 바람에 여자들이 밭을 일구고, 먹을 것이 떨어져 울부짖는 아이들을 대할 때마다 내 가슴도 찢어지는 것 같습니다. 예수님이 지금 이 자리에 계셨더라면 누구 편을 들어주실지 불을 보듯 분명하지 않습니까?"

(p84. 20줄~p85. 23줄)

Q : 이토는 고니시의 부인이죠? 역시 여자가 이런 일에 강단이 있는 것 같아요.

A : 엔도는 이 부분을 잘 설명하고 있는데요. 아마 그도 일본의 대동아 전쟁을 겪은 세대이기 때문에 이렇게 묘사한 것 같아요. 사실 안중근 의사가 이토 히로부미를 암살한 이유이기도 하고, 본회퍼 목사가 히틀러 암살단에 가담한 것도 같은 맥락이라고 봅니다. 더 큰 악을 막기 위해 행하는 악, 영어로 the less evil 이라고 해요.

Q : 소설이 단지 사실만을 전하는 것이 아니라 윤리적 문제도 이야기하고, 어쩔 수 없는 전쟁 속에서 신앙을 지키기 위해 고군분투했던 것도 나타내고요. 그래서 결국 고니시는 어떻게 되나요?

A : 이토에 의해 도요토미 히데요시는 서서히 죽어갔고 이후 복잡하게 얽힌 가신들의 싸움에서 결국 도쿠가와 이에야스가 권력을 쥐게 됩니다. 고니시는 반대편에 섰다가 결국 죽음을 마주하게 되는데요.

오사카 다음에는 사카이로 내려갔다. 사카이는 거상 고니시 일족이 동네를 관리하는 에고슈로써 세력을 떨친 거리이며, 유키나가에게는 고향이었다. 유키나가로서는 그 고향 거리에서 너무나도 참혹한 모습을 사람들에게 보여 주는 것만큼 더 큰 굴욕이 없었다. 이에야스는 바로 그 점을 노렸다 … 안장 없는 말에 태워진 유키나가는 오로지 그가 믿는 예수님만을 생각했다. 예수 역시 지금의 그와 마찬가지로, 아니 지금의 그보다 훨씬 더 참혹하게 예루살렘 거리를 십자가를 짊어진 채 처형장까지 끌려가야 했다. 그는 마음속으로 예수를 향해 이야기했다. (이 유키나가는 제 자신의 허약함으로 인해 당신에게서 떠나 있었사옵니다. 그러나 지금, 어쩐지 당신과 한 덩어리가 된 것 같은 기분이 드옵니다) … 나란히 앉은 세 사람의 등 뒤에 각각의 망나니가 섰다. 유키나가는 몸에 늘 지니고 다녔던 그림(그것은 포르투갈의 왕이 선교사를 통해 선물로 보내온 예수와 성모 마리아의 그림이었다)을 머리 위로 세 번 들어 올려 가만히 바라본 다음, 목을 앞으로 내밀었다. 가을 햇살이 망나니가 내려치는 칼날에 반사되었다. 일순간에 모든 것이 끝났다.(p251, 10줄~p252, 18줄, p253, 8~13줄)

Q : 결국 마지막 죽음을 앞두고 고니시 유키나가는 면종복배하지 않고 자신의 신앙을 재발견한 셈이네요.

A : 엔도 슈사쿠의 소설은 주로 그 점을 보여 줍니다. 다카야마 우콘처럼 모든 것을 버리고 신앙을 택한 사람도 있겠지만, 고니시 유키나가처럼 고뇌하면서 신앙을 겨우 겨우 유지하면서 몸부림치며 살아가는 사람도 있다고, 그것도 신앙의 한 종류라고, 우리가 섣불리 판단할 것이 아니라고, 하나님만이 그 마음을 아신다고 말하고 있는 것이죠. 작가의 말을 빌리면 '살아 있는 순교'인 셈입니다. 오늘 우리 시대에도 그렇게 고뇌하며 살아가는 그리스도인들을 응원합니다.

내가 버린 여자

엔도 슈사쿠 ‖ 이평춘 역 ‖ 어문학사 ‖ 2007년

Q : 목사님, 오늘 제목이 『내가 버린 여자』인데 어떤 내용인지 궁금하네요?

A : 주인공 화자인 '나'는 가난한 시골 출신 대학생이에요. 배경은 전후 3년이니까 1948년 정도 되겠네요. 주인공은 친구랑 둘이서 하숙생활을 합니다. 그런데 집에서 학비를 보내주지 않아서 아르바이트를 하게 되었어요. 소개소에 들러서 아르바이트 자리를 알아보다 스완흥업사라는 곳의 전단지를 돌리는 일을 하게 됩니다. 어느 날 비가 내려서 아르바이트를 나가지 못하고 하루 종일 방에 누워 뒹굴거리고 있었어요. 그러다 우연히 벽에 걸어놓은 우의에 눈길이 갔어요.

벽에 걸린 우의 주머니가 불룩하다. 그렇다. 어제 아무도 없는 농가의 마당에 떨어져 있던 낡은 잡지다. 어느 페이지든 이와 보조개를 드러낸 배우와 가수가 이쪽을 바라보고 있다. 이 사람들의 실생활은 어떨까? 인간이란 별 차이가 없다. 내가 전단지를 뿌리고 이백 엔을 벌 듯이 그들은 억지로 웃는 표정을 지음으로써 자기 인생의 쓸쓸함을 더해간다. 외로운 인간에게는 우상이 필요한 것이다.(p27. 14~15 줄)

Q : 방에 뒹굴다 우연히 잡은 잡지, 이것이 무엇인가 중요한 전환점이 되겠네요?

A : 화자인 나는 잡지를 대충 둘러보다 독자란에 눈길이 갑니다. 거기에 이런 글이 있었어요.

영화를 상당히 좋아하는 19살의 평범한 처녀입니다. 와키야마 세츠코 씨 팬으로부터의 편지를 기다리고 있습니다. <도쿄 세타가야구 교도쵸 808 신도 씨 댁, 모리타 미츠>(p28. 15~17 줄)

이 내용을 읽은 화자인 나는 모리타 미츠라는 아가씨에게 편지를 쓰게 되고 둘의 만남이 시작됩니다.

Q : 정말 의외의 만남이긴 하네요. 버려진 잡지의 독자란에 있는 내용을 보고 편지를 썼는데 실제로 만남이 성사되었다. 제목이 『내가 버린 여자』인데 이 잡지와도 묘하게 관련이 있네요.

A : 버려진 잡지, 앞으로 버려질 여자. 엔도가 이 장면을 어떻게 묘사했는지 읽어 드릴께요.

이것이 내가 그녀를 알게 된 동기였다. 머지않아 내가 버린 그녀를 만나게 된 최초의 계기이다. 우연히 찾아온 기회라고 생각할 수도 있겠지만, 인생에 있어 우연이 아닌 인연이 있을까? 인생에는 원래부터 우연이라는 것이 작용한다. 앞으로 기나긴 일생을 함께 할 부부도 처음에는 우연히 백화점 식당의 옆자리에서 점심을 먹었다는, 하찮은 사건이 계기가 되어 서로 알게 되었는지도 모른다. 하지만 그것이 하찮은 것이 아니라 인생의 의미를 푸는 실마리였다는 것을 알기 위해, 아는 오늘까지의 기나긴 시간이 걸렸던 것이다.(p29. 10~18줄)

우연 같은 필연, 인생에 우연은 없다는 것을 엔도는 화자의 입을 통해 말하고 있는 것이거든요.

제가 좋아하는 필립 얀시는 유명한 말을 남겼어요. "하나님은 우연의 일치라는 방법을 즐겨 사용하신다." 우리의 눈에는 우연의 일치 같지만 하나님의 섭리가 다 있었다는 것이죠. 밀란 쿤데라의 유명한 소설『참을 수 없는 존재의 가벼움』에도 보면 주인공 토마시와 테레자가 만나는 장면을 여섯 번의 우연으로 소개하거든요. 여섯 번의 우연이 겹치면 필연인거죠? 엔도가 쓴 것을 조금 더 읽어 드릴께요.

당시 나는 신같은 것은 믿지 않았지만, 만일 신이 있다면 그 신은 이러한 하찮고 평범한 일상의 우연에 의해서 자신의 존재를 인간에게 드러내 보였는지도 모른다. 아무도 현대에 이상적인 여자가 있다고는 믿지 않지만 나는 지금 그녀를 성녀라고 생각하고 있다.(p29. 19줄~p30. 3줄)

Q : 주인공 '나'가 만난 여자, 그 때는 그냥 장난삼아 만났고 제목대로 버린 여자였는데 오랜 세월 지나 돌아보니, 그녀 미츠가 정말 아름다운 여자였다는 고백이네요.

A : 그렇죠. 엔도가 쓴 부분입니다.

그날 우리가 처음 만났을 대 그 여자가 어떤 모습을 하고 있었는지, 이미 오랜 세월이 지난 지금 기억하기는 힘들다. 정말로 사랑한 여인이었다면 최초의 데이트 때 손가락을 스친 일, 행복해 하는 여자의 웃는 얼굴까지 평생 동안 마음에 새겨져 있겠지만, 그 여자는 내게 있어 우발적인 충동으로 만난 상대에 지나지 않았던 것이다. 불량하게 말하면, '꼬셔서, 범하고 …' 그렇다. 그 다음에는 마지막 전철이 지나간 밤의 플랫폼에서 차가운 바람에 나뒹구는 빈 담뱃갑처럼 버린 한 여자였다.(p31. 1~9줄)

그러니까 처음부터 사랑하기 위해 만난 것이 아니라, 장난처럼 만났다는 것이죠. 그러다 그냥 지겨워 버렸구요. 당시 미츠는 교도의 제약공장에서 사무일을 하고 있었고 월급이 삼천엔이라고 소개해요. 미츠는 중학교를 졸업하고 바로 일을 했던 여공이었던 거죠. 아무튼 첫 데이트 때 주인공은 대학생들이 드나들던 음악다방에 미츠를 데리고 갑니다. 소위 있는 척, 지식인 척 한 거죠. 마침 미츠는 화장실에 갔고, 이 쪽을 주시하던 친구 중 하나인 이토가와가 다가오더니 "저 여자 꼬실거야?" 그러면서 칵테일 두 잔을 주문해요.

미츠가 화장실에서 돌아왔을 때, 웨이터는 두 개의 싸구려 잔에 투명한 액체를 담아 가지고 왔다. 지금 생각해 보면, 그 때 그녀에게 마시지 말라고 한 마디 했더라면 좋았을 것이다. 하지만 나는 맞은 편 구석에서 이쪽을 바라보고 있는 이토가와의 시선을 뼈아프게 의식하고 있었다. 아무 일도 없이 끝나버리면 이토가와는 나를 얼간이조차 해치우지 못하는 놈이라고 친구들에게 떠들어 댈 것이다. 그리고 내 마음 속 어딘가에서도 어떤 소리가 속삭였던 것이다. '어차피 연애 상대가 아니잖아. 해치워. 해치우라고.'(p43. 20줄~p44. 7줄)

초반 전개는 그렇습니다. 엔도는 이 초반부의 묘사를 통해 당시 전후 사회의 일본을 묘사하려고 했어요. 전쟁의 패배, 게다가 갑자기 몰아닥친 서양식 삶의 방식, 불안과 혼돈의 젊은 세대를 묘사하려고 했던 거죠.

영문은 모르겠지만, 나는 갑자기 가네다 씨의 아르바이트 때 배포한 전단지를 쓸쓸히 떠올렸다. '에노켄'을 교모하게 '에노케스'로 바꿔 쓴, 잉크가 지저분하게 묻은 광고 전단지, 나는 그것을 보고 웃었지만, 생각해 보면 그 전단지를 가을의 농촌에 뿌린 것은 나 자신이었다. 진짜 '에노켄'과 가짜 '에노케스'를 교묘하게 뒤바꾸어 광고했듯이 이제부터 나는 자못 연인인 듯한 말로 이 여자를 속일 것이다.(p47. 8~12줄)

에노켄은 당시 정말 유명했던 연예인이었는데 에노케스라고 속인 전단지였던 거죠.

Q : 주인공인 화자가 미츠를 적당히 꼬셔서 데리고 놀 상대로 여겼다는 거잖아요? 중학교를 졸업하고 일을 하던 순수하고 착한 여자를 대학생인 화자가 말로 속여서 말예요?

A : 소설의 초반부는 그런 내용이에요.

이 여자는 불쌍한 사람을 보거나 누군가가 괴로워하는 것을 보면 이내 동정해 버리는 버릇이 있는 것이다. 동정할 뿐 아니라 자신의 일은 완전히 잊고 그 불쌍한 상대를 열심히 위로하려 한다 … 내게도 그러했다. 그렇게도 이 여관을 들어오기를 거부했음에도 불구하고, 내가 이 소아마비의 몸을 약간 과장하여 말한 것만으로 미츠의 마음은 마치 얼은 눈이 녹듯 풀렸다 … 나는 미츠의 팔을 끌어당겨 침대 위에 넘어뜨렸다. 감색의 싸구려 스웨터를 벗기려고 하자 미츠는 두 팔로 자신의 얼굴을 가렸다. 그런 그녀의 팔목 근처에 동전만한 검붉은 반점이 있다는 것을 알아차렸다. 부스럼처럼 약간 부은 반점이 었다. 미츠의 하얀 팔에서 그것은 기뿐 나쁜 빛깔을 띠고 있었다.(p78. 15~18줄, p79. 1~2, 17~21줄)

이 장면, 미츠의 팔목 근처의 붉은 반점, 이것이 복선이구요. 소설 후반부의 중요 내용을 결정합니다. 사실 이 소설은 후반부에서 정말 놀라운 반전과 사랑 그리고 구원을 이야기합니다.

후반부에는 남자 주인공의 이름을 밝혀요. 요시오카에요. 요시오카는 허름한 여관에서 미츠를 안고 난 뒤 연락을 안 하죠. 자신의 목적을 이뤘으니까요. 이후 어찌 어찌 졸업을 한 요시오카는 한 중견기업에 취직을 합니다. 대학을 나왔으니까요. 그런데 하필 그 회사 사장의 조카 마리코가 한 사무실에 근무를 하네요. 그러다 결국 요시오카와 마리코는 연애를 하고 결혼을 하죠.

Q : 아, 미츠가 너무 불쌍해요. 미츠는 어찌 되었을까요?

A : 미츠는 이후 불행의 연속인 삶을 살게 되는데 미츠는 같은 회사에서 일하는 다구치라는 사람 때문에 곤란한 일을 겪게 됩니다. 미츠가 너무 착했기 때문이에요. 다구치는 노름과 술에 빠져 있는 사람인데 월급날이 되어도 제대로 돈을 받지 못하죠. 미리 가불을 해 갔기 때문에요. 한번은 다구치의 아내와 아이를 우연히 만나게 되는 데 엔도 슈사쿠는 이렇게 쓰고 있어요.

바람이 미츠의 눈에 티끌을 불어넣는다. 바람이 미츠의 가슴을 뚫고 지나간다. 바람에

실려 누군가의 음성이 들려온다. 갓난아이의 울음소리, 남자 아이의 떼쓰는 소리, 그것을 나무라는 여자의 목소리, 요시오카와 갔던 시부야의 여관, 축축한 이불, 지친 발걸음으로 비탈길을 올라가는 여자, 비, 그들의 삶을 슬픈 듯이 가만히 바라보는 지친 어떤 얼굴이 미츠에게 속삭인다. '애야, 되돌아가지 않을래? … 네가 가지고 있는 그 돈이면 그 아이와 그 여자에게 큰 도움이 될 거야.' '하지만' 미츠는 그 목소리에게 강하게 맞선다. '하지만 나는 매일 밤 일했는걸. 열심히 일했는걸.' '알고 있어.' 그 목소리는 슬픈 듯이 말했다. '알고 있어. 나는 네가 얼마나 가디건을 갖고 싶어 하는지. 얼마나 애를 쓰며 일했는지. 모두 알고 있어. 때문에 네게 부탁하는 거야. 가디건을 사는 대신에 저 아이와 아이 엄마에게 천 엔을 주라고 부탁하는 거야.'(p106. 9줄~p107. 5줄)

Q : 결국 미츠는 자신이 사고 싶었던 가디건을 포기하고 그 아이와 아이 엄마에게 돈을 건네주겠군요. 슬픈 듯한 그 목소리, 그건 미츠 내면의 목소리였을까요?

A : 두 가지로 이해하면 될 것 같아요. 미츠 내면의 목소리이기도 하고, 주님의 목소리이기도 하죠. 엔도는 참된 신앙이 어떤 것인지를 미츠라는 여성을 통해 간접적으로 쓰고 있어요. 나도 가난한데, 나도 사고 싶은 것이 있는데 타인에게 나의 돈을 건네는 것! 제가 살면서 경험한 것은요. 돈이 있다고 타인에게 선행을 하는 것이 아니더라구요. 오히려 돈 없는 사람이, 마음이 있는 사람이, 사랑이 있는 사람이 선행을 해요. 내 쓸 것을 포기하고 타인을 위해 하는 거죠. 요즘 사람들은 늘 돈이 없다고들 해요. 하지만 가만히 들여다보면 쓰는 데가 많아서 돈이 늘 부족한 것 아닌가 싶어요. 더 좋은

차를 사야 되고, 더 좋은 집을 사야하고, 집을 샀으니 이제 애완견도 키워보고 싶고, 그런 것이죠. 돈이 없어서가 아니라 마음이 없어서 좋은 일을 못하는 것 아닐까요?

Q : 돈이 없어서가 아니라 마음이 없어서 우리는 선행을 못한다. 깊이 새겨야 할 내용인 것 같아요. 자, 그런데 미츠가 이렇게 좋은 일을 많이 하고 참 착한 사람인데 또 불행하게 되었다고 했잖아요.

A : 미츠는 다구치라는 사람의 빚보증을 잘 못 서는 바람에 회사에서 쫓겨나게 되요. 이후에 마사지샵의 점원으로, 빠칭코 가게의 점원으로 그리고 결국 '추잡한 술집'에서 일하는 처지가 되고 말았죠. 대신 요시오카는 사장의 조카랑 결혼해서 잘 살고 있었구요. 하지만 요시오카는 이상하게 자꾸 미츠가 생각났고, 이런 저런 수소문 끝에 미츠가 술집에서 일하고 있다는 것을 알게 되죠. 엔도 슈사쿠는 이렇게 쓰고 있어요.

어쨌든 마리코를 생각하면 생각할수록, 옛날에 단 한번 관계했던 미츠와의 일은 점점 잊혀져 갔고, 그녀는 내 안에서 하찮은 존재가 되어갔다. 이미 그것은 존재라고 말할 수도 없었다. 그러나 나는 몰랐다. 우리 인생에 있어 타인에게 끼친 행위는, 어느 것이건 태양 아래 얼음이 녹듯이 그렇게 사라지지 않는다는 사실을. 우리가 그 상대에게서 멀어져 전혀 생각하지 않게 되더라도 우리의 행위는 마음속 깊이 흔적을 남긴다는 점을 몰랐던 것이다.(p124. 5~11줄)

Q : 요시오카는 마리코와 결혼을 해서 행복하게 사는데, 옛날 미츠에게

했던 것이 생각난 모양이네요. 일말의 양심이라고 해야 할까요?

A : 엔도 슈사쿠가 쓴 "흔적"이라는 단어가 중요해요. 엔도 슈사쿠의 문학을 전공한 김승철 교수는 엔도의 문학은 '흔적과 아픔'이라는 단어가 핵심이라고 했어요. 잠깐 스쳐간 인연이라고 해도 흔적이 남는다는 것이죠. 흔적은 아픔을 당한 사람 뿐 아니라, 아픔을 준 사람에게도 남는 거죠. 안 그런 척 하지만 사실 상처를 준 사람은 그 아픔을 평생 안고 살아가야 하는 것일지도 몰라요. 엔도는 그 말을 하고 싶었던 것이죠. 물론 미츠의 인생에도 큰 전환점이 옵니다. 미츠의 팔목에 반점이 있다고 했잖아요. 술집 손님들이 자꾸만 그 반점을 갖고 이러쿵 저러쿵 이야기를 해서, 결국 미츠는 병원 진찰을 받게 됩니다. 그런데 담당 의사가 청천벽력 같은 말을 하죠.

Q : 청천벽력이라면? 무슨 죽을 병이라도 되나요?

A : 의사는 미츠의 반점이 한센병이라고 진단을 내려요. 사실 죽음보다 더 무서운 선언이죠. 이로써 미츠는 요시오카를 한번이라도 만나려는 실낱같은 희망을 접은 채 요양병원으로 가게 됩니다.

모든 것이 끝난 듯한 절망감이 미츠를 엄습했다. 자신은 이제 외톨이였다. 외톨이란 누구와도 만날 수 없는 것은 아니었다. 지금까지 미츠는 외톨이였음에 틀림없지만, 지금 엄습한 고독감에 비한다면 그것은 아무것도 아니었다. 외톨이란 과거의 즐거웠던 추억과도 이제는 이별을 고하는 것이었다. '요시오카' 미츠는 걸으면서 입술을 떨었다. '안녕 요시오카' 트렁크는 무거웠고 우산을 든 손가락은 미끈거렸다. 미츠는 멈춰 서서, 비로소 밤

나무 숲에 세워진 '부활병원 입구'라고 쓴 하얀 팻말을 쳐다보았다. 도로와 팻말 사이에는 작은 하천이 흐르고 있었는데 이작은 다리가 세상과 병원을 잇는 유일한 통로였다.(p218, 13~22줄)

Q : 이젠 돌이킬 수 없는 길을 걸어갔네요. 한센병 요양병원에 들어가면 다시 나오지 못하고, 그 곳에서 이제 남은 삶을 살아야 하는 것이네요.

A : 방을 안내받고 들어가는 미츠의 상황을 엔도는 이렇게 묘사합니다.

어둠 속 저쪽의 숲을 사이에 둔 다른 병동에서 신음소리가 희미하게 들려왔다. 그것은 중증 환자가 고통스러워하는 소리였다. 이 병이 불치병인 이상, 이윽고 자신들도 5년 후, 7년 후에는 그 병실에 수용되어, 격심한 통증과 싸워야 했다. 운명은 언젠가 반드시 다가온다. 그리고 그 후, 병원 뒤편에 있는 이끼가 낀 작은 묘지가 모두를 기다리고 있다. "울고 있어요?" 다에코가 물었다. "아, 아니요." "고통스러운 것은 몸 때문이 아니에요. 2년 동안 여기서 지내면서 깨달은 건데요. 고통스러운 것은 … 이젠 아무에게도 사랑받지 못한다는 것을 견뎌내는 거예요."(p230, 21줄~p231, 10줄)

2년 먼저 이 병원에 온 룸메이트 다에코가 미츠에게 한 말이거든요. 이제는 더 이상 사랑받지 못한다는 것, 그것이 가장 큰 절망이라고. 가장 큰 아픔이라고.

Q : 사랑하지 못하고 또 사랑받지 못하는 삶, 내가 무엇을 크게 잘 못한 것도 없는데 운명처럼 이렇게 된 것 미츠는 자신의 삶을 원망하지는 않나요?

A : 당연히 원망하죠. 왜 착하게만 살아온 자신에게 이런 일이 일어났는지, 왜 자신은 사랑하는 사람을 만나지도 못하는 지. 그러다 요양원 수녀에게 막 항의를 했어요. 수녀님은 자신도 그 의미를 모르겠다고 하지만 무언가 중요한 의미가 있지 않겠냐고 대답해요. 그러다 정기검진의 날이 되고, 미츠에게 다시 말도 안되는 상황이 벌어져요. 정밀 검사를 했는데 글쎄 한센병이 아니라는 거죠. 단순한 피부병이라는 것이죠. 얼마 후 미츠는 짐을 싸서 요양원을 나오게 되고, 기차를 타고 도쿄로 옵니다. 하지만 도쿄역에서 미츠는 한참을 서성거리다, 결심을 하고 다시 요양병원으로 돌아갑니다.

Q : 아니, 왜요?

A : 미츠는 문득 깨달았어요. 이 큰 도시 도쿄에서 여전히 자신은 외톨이라는 것을요. 비록 몸은 건강하다고 판정받았지만, 이 도시에는 자신을 사랑해 주고, 자신이 사랑할 사람이 없다는 것을요. 하지만 부활병원은 달랐죠. 자신이 한센병이라는 것을 알고 그 모습 그대로 받아준 곳이었어요. 게다가 룸메이트 다에코는 자신을 있는 그대로 인정해 주고 사랑해 준 사람이었으니까요. 비록 단순한 피부병을 한센병이라고 오진을 받아서 절망하기도 했지만, 그 병원에서 미츠는 비로소 진짜 자신을 발견하고, 자신이 있어야 할 곳을 발견한 것이죠. 그것은 곧 사랑하고 사랑받는 사람이 있는 곳이었어요.

미츠는 지는 햇살을 등에 받으며 숲 가장자리에 멈춰 섰다. 그렇게도 혐오스럽게 바라보았던 이 풍경이 지금 미츠에게는 마치 고향에 돌아온 듯한 정겨움을 불러일으켰다. 숲의 나무에 기대어 미츠는 그 정겨움을 마음속 깊이 음미하면서 쏟아져 내리는 석양빛 다발을 올려다보았다.(p277, 8~11줄)

엔도의 이 소설『버림받은 여자』에서 말하고 싶었던 것은 우리는 버림 받은 사람이라고 생각하지만, 그 버림받은 곳에 구원이 있다는 것이에요. 예수님도 사람들에게 버림받아서 십자가를 지셨잖아요. 건축자들의 버림받은 돌이었으나 성전의 머릿돌이 되신 것이고요. 구원은 버림받은 곳에 있다. 사랑도 버림받은 곳에 있다. 나의 아픔은 누군가에게 위로와 용기, 희망이 될 것이다. 이 점을 꼭 기억해 주시면 좋겠습니다.

죄와 벌

표도르 도스토옙스키 ‖ 홍대화 (옮긴이) ‖ 열린책들 ‖ 2007년

Q : 목사님 이번에는 기독교 관련 고전 읽기를 한다고 했어요.

A : 그렇습니다. 고전읽기, 우스갯소리로 고전은 사 놓고 읽지 않는 책, 장식용으로 책장에 꽂아놓는 책, 제목은 다 아는데 내용은 모르는 것이라고 이야기들을 하는데요. 이번에 저와 같이 읽자고요.

Q : 우리가 고전이라고 하면 왠지 어려울 것 같다는 선입견이 있거든요. 읽기가 쉽지 않기 때문에 시작하지 못하고 대부분 분량이 많아서 한번 잡으면 오랫동안 읽어야 할 것 같거든요.

A : 그래서 제가 재미있고 쉽게 읽을 수 있는 팁을 알려 드리고 책의 주제도 알려 드릴게요.

Q : 그럼 오늘 소개해 주실 책은 무슨 책인가요?

A : 도스토옙스키의 『죄와 벌』을 준비했습니다. 저자 도스토옙스키와 이 책 『죄와 벌』을 모르는 사람은 없을 겁니다. 제목은 대부분 들어보셨을 거예요. 그런데 의외로 또 읽지는 않은 책이지요.

Q : 맞습니다. 우리 집 책장에도 꽂혀 있거든요. 이번에 꺼내서 꼼꼼히 읽고 있어요. 그런데 목사님, 우선 저자인 도스토옙스키에 대해서 알려 주시면 좋을 것 같아요. 러시아 사람인 거죠?

A : 네, 맞습니다. 이름으로 대략 짐작할 수 있죠? 1821년 11월 11일 러시아 모스크바에서 태어났고, 1881년 2월 9일 생페테르부르크에서 사망했습니다. 딱 60년을 살았던 거죠. 아버지는 병원의 의사였는데 오늘날처럼 의사들이 잘 사는 때가 아니었어요. 일종의 구휼병원의 의사였어요. 그래서 여기저기 옮겨 다녔고, 말년에는 시골에 땅을 사서 농민들을 부렸는데 농민들에게 오히려 죽임을 당했어요. 도스토옙스키는 생애 대부분을 가난하게 살았지요. 사실 밥 먹고 살기 위해 글을 썼던 사람이에요. 돈 떨어지면 글 쓰고, 원고료를 받아 살았던 사람이에요. 생애 전반이 좀 우울하고 어두운 면이 많아요. 그래서 도스토옙스키의 작품 대부분은 전반적으로 어두워요. 주인공도 대부분 밑바닥 인생이고요.

Q : 그렇군요. 도스토옙스키 같은 대 작가가 가난하게 살았다는 것이 좀

의외입니다. 당시에는 작가들이 넉넉하게 살지 못했던 모양이에요. 원고료가 많지 않았던 것 같군요.

A : 지금도 몇 명의 슈퍼스타급 작가 말고 대부분 가난하지 않나요? 아무튼 도스토옙스키는 힘든 인생을 살았어요. 전반적으로 모스크바와 생페테르부르크에서 살았어요. 반면, 도스토옙스키보다 7년 늦은 1928년에 태어난 레프 톨스토이는 부유한 집안이었어요. 백작이었고 토지도 많았죠. 톨스토이는 남부럽지 않게 살았어요. 그래서 톨스토이의 작품의 주인공 대부분은 백작, 공작이 많이 나와요. 결국 작가는 자기 삶, 자기 경험에서 우러나오는 작품을 쓰는 것이니까요.

Q : 맞습니다. 그런데 목사님 러시아 소설은 사람 이름이 너무 길고 헷갈려서 읽는 데 어려움이 있어요. 이름이 너무 복잡해요. 『죄와 벌』의 주인공 이름들도 마찬가지고요.

A : 러시아 사람들은 보통 이름을 3가지 정도로 변형해서 써서 그래요. 『죄와 벌』의 주인공 이름이 라스콜리니코프인데, 줄여서 라스콜로 부르기도 하죠. 그러나 공식 이름은 로지온 로마노비치이고 줄여서 로쟈라고 불러요. 로쟈의 어머니 이름은 해리아 알렉산드로브나 라스꼴리니꼬바에요. 동생은 아브도찌야 로마노브나 라스꼴리니꼬바인데 줄여서 두냐로 부르죠. 맨 앞에 있는 것이 이름이고, 마지막이 성이에요. 중간에 있는 것은 아버지 이름, 즉 부칭이에

요. 로지온은 이름이고, 로마노비치는 아버지 이름이고, 라스콜리니코프는 집안 성씨에요. 그래서 러시아 소설을 읽을 때 헷갈리니까 아예 주인공 이름이 적힌 앞 장을 복사해서 옆에 두고 읽으셔야 해요.

Q : 정말 복잡해요. 이름이 너무 헷갈려서 복사해 놓고 자주 보면서 읽어야 할 것 같아요. 그럼 『죄와 벌』에 등장하는 주요 인물들부터 살펴볼까요?

A : 일단 주인공 라스콜리니코프는 대학생입니다. 가난한 대학생이고 사회의 변화를 꿈꾸는 사람이에요. 라스콜의 대학생 친구가 나오는데 라주미힌입니다. 예심판사 뽀르피리 베뜨로비치가 있고요. 나중에 라스콜에게 결정적인 영향을 미치는 인물인 소냐가 있어요. 그리고 전당포 주인 노파 알료나 이바노브나에요. 이 정도 기억하면 될 것 같아요.

Q : 주인공도 다양하고, 이름도 다양하네요. 자, 그럼 『죄와 벌』 줄거리는 어떤 내용이기에 세계적 대작일까요?

A : 『죄와 벌』의 스토리는 단순합니다. 가난한 대학생 라스콜리니코프가 돈이 궁해서 전당포에 들러요. 그러고는 자신의 은시계를 꺼내죠. 전당포 주인인 이바노브나는 1루블 반을 쳐 주겠다 하고, 라스콜은 4루블을 빌려 달라고 하죠. 당시 노동자 월급이 약 25루블

정도였고, 현재 환율로 치면 우리 돈 70만 원 정도였다고 해요. 그럼, 1루블은 2만 5천 원에서 3만 원 정도 되는 거죠.

Q : 라스콜은 엄청 가난한 학생이었네요. 돈 3만 원이 없어서 은시계를 맡길 정도였으니까요.

A : 맞습니다. 라스콜은 어쩔 수 없이 약 1루블을 받아 들고 나오죠. 그러다 선술집으로 들어가게 되고 거기서 퇴역 관리 마르멜라도프를 만나요. 그의 주저리주저리 하는 말을 듣다가 그의 집으로 따라가게 되고, 거기서 그의 아내의 잔소리, 그의 딸인 소냐가 거리로 나서서 몸을 파는 사정을 듣게 돼요. 라스콜은 그 집을 나오면서 자기 주머니에 있던 1루블을 놓고 나오죠.

Q : 자기도 돈이 없지만 마르멜라도프의 집이 너무 안타까웠군요. 이런 면에서 라스콜은 정이 많은 친구 같아요.

A : 빈털터리로 하숙방에 가서 정신없이 자고 일어난 라스콜은 어머니에게서 온 편지를 보게 됩니다. 편지의 내용은 상당히 길지만 핵심은 집이 파산했다는 내용이에요. 그래서 학비 60루블을 보내줄 수 없게 되었다는 것, 여동생 두냐가 100루블의 돈을 약속받고 가정교사로 들어가기로 한 것 그리고 돈이 없기 때문에 여동생 두냐가 계약 결혼을 해야 할 것 같다는 내용이었어요. 어머니의 편지를 읽고 라스콜은 절망하죠. 왜 이렇게 돈이 없을까? 그러던 중 라

스콜은 두 가지 사건을 경험하게 됩니다. 하나는, 길을 산책하다 100걸음쯤 앞에 가는 한 소녀를 목격하게 돼요. 또 하나는 며칠 후 길거리를 가다 마부가 자기 말을 죽이는 꿈을 꾸었어요. 이 두 가지 사건은 라스콜의 마음을 혼란스럽게 합니다.

Q : 어떤 의미에서 혼란스럽게 하는 것인가요?

A : 물론, 도스토옙스키는 라스콜의 심리적 갈등 그리고 이런저런 등장인물과의 대화를 통해 당시 사회의 혼란상을 슬쩍슬쩍 비춰줍니다. 도스토옙스키가 살던 시대의 러시아는 정치적 격동기였어요. 황제는 니콜라이 1세였는데 억압 통치를 했어요. 농노들이 증가했고 도시 빈민이 증가했어요. 이런 사회상을 도스토옙스키는 주인공 라스콜과 주변 인물들을 통해 보여 주고 있는 것이죠. 라스콜은 자신의 비참한 상황뿐 아니라, 주변 인물의 비참한 상황에 대한 사회적 부조리를 깨닫게 되죠. 그리고 이런 부조리, 가난은 개인의 문제가 아니라 구조적 문제라는 것을 깨닫고, 이런 구조 중 하나인 전당포 노파 알로냐 이바노브나를 죽일 계획을 세우게 되죠. 물론 돈도 좀 챙기고요.

Q : 아, 그럼 이 책 제목인 『죄와 벌』에서 죄는 주인공 라스콜이 전당포 노파를 살해한 것이라 보면 되겠네요.

A : 맞습니다. 라스콜은 마침내 결심하고 전당포를 찾아가죠. 물론

계단을 오르면서 수십 번 갈등하죠. 하지만 결국 전당포로 들어가 노파 알로냐 이바노브나를 도끼로 내려쳐요. 그런데 하필 그때 알로냐의 여동생 리자베따 이바노브나가 들어오게 돼요. 라스콜은 범죄를 은폐하기 위해 그녀의 동생 리자베따까지 죽이게 됩니다. 그러고는 들키지 않기 위해 조심스레 그 방에서 빠져 나와요. 이 책 『죄와 벌』의 제1부 내용입니다.

Q : 아이고. 이제 겨우 1부란 말인가요?

A : 네, 이 책은 총 6부로 되어 있어요. 상권이 1~3부이고, 하권은 4~6부로 되어 있지요. 2부부터는 라스콜의 내면적 갈등과 주변 인물과의 치열한 논쟁이 전개됩니다. 쉽게 말해 라스콜이 노파를 죽인 것은 살인인가? 아니면 사회적 부조리를 척결한 영웅적 행동인가? 이 지난한 싸움이 소설의 핵심 내용이에요.

Q : 주인공이 살인자인가? 아니면 영웅인가? 그런 이야기의 전개란 말씀이죠. 다른 인물은 또 누가 있나요?

A : 『죄와 벌』의 주인공 몇 명이 더 나오는데요. 우선 로지온의 동생인 두냐, 그의 약혼자 루쥔, 두냐를 노리는 지주 스비드리가일로프, 로지온의 친구 라주미힌 그리고 퇴역관리 마르멜라도프, 그의 딸 소냐, 예심판사 뽀르삐리 베뜨로비치 정도예요. 그중에서도 핵심 인물은 라스콜리니코프와 두 여자, 즉 동생 두냐와 그가 나중에 사

랑하게 될 소냐를 기억해 주시면 될 것 같아요.

Q : 주인공 라스콜리니코프, 동생 두냐 그리고 라스콜의 연인이 될 소냐, 이렇게 말이죠. 정리가 되었어요.

A : 『죄와 벌』은 세 가지 이야기로 구성되어 있어요. 우선 퇴역 관리 마르멜라도프와 그의 아내 까쩨리나 이바노브나 그리고 딸 소냐의 이야기가 초반부에 등장합니다. 두 번째는 라스콜리니코프 집안 이야기인데 라스콜과 어머니 알렉산드로브나 그리고 여동생 두냐입니다. 세 번째 이야기는 라스콜과 주변 인물이에요. 스비드리가일로프, 라주미힌, 루쥔, 뽀르삐리죠. 마르멜라도프 집안과 라스콜리니코프 집안은 비슷한 상황입니다. 일단 가난했고, 딸들이 가족을 위해 희생해야 하지요.

Q : 전형적인 가족 이야기인데요. 소설가 도스토옙스키는 그 당시 서민들의 삶, 고달픔, 애환, 가난, 또 어쩔 수 없는 여성들의 희생, 이런 것들을 이야기하고 싶었던 것 같네요. 맞나요?

A : 정확히 보셨어요. 도스토옙스키가 살던 시대가 러시아 제정 말기잖아요. 짜르, 즉 황제 통치하에서 나라가 엉망이었죠. 그래서 1917년 그 유명한 볼세비키 혁명이 일어난 것이니까요. 어쩌면 우리나라 근대사를 요약한 것과도 같아요. 제 어머니 때도 그랬어요. 시골에서 가난하게 자랐으니까 어머니가 희생을 해야 했죠. 중학교

나이 때 학교도 못 가고 집안일을 해야 했어요. 외할머니는 장사를 하셨어요. 대신 외삼촌들은 고등학교도 가고 대학도 가셨죠. 어머니, 즉 딸은 공부 대신 집안을 위해 희생해야 했고 아들들은 혜택을 누린 거죠. 도스토옙스키가 살던 때와 별 다를 바 없었죠. 소설에서는 두냐, 즉 라스콜의 동생은 돈 때문에 정략결혼을 해야 했고, 소냐는 돈 때문에 자신의 몸을 팔아야 했죠.

Q : 그래서 도스토옙스키의 작품이 큰 울림과 감동을 주는 것 같아요. 시대를 막론하고 우리들의 사정을 잘 헤아려 쓴 것 같아요. 어느 가정에나 있을 법한 아픈 이야기, 어느 나라에나 있을 법한 가정사 같은 것을요.

A : 그래서 명작이겠죠. 책 내용을 간단하게 정리해 보면, 1장은 라스콜리니코프가 고리대금업자인 노파를 찾아가 살인할 생각을 하고, 2장은 퇴역관리 마르멜라도프를 만나 그의 불행한 가정사를 듣게 됩니다. 3장에서는 어머니 헤리아 알렉산드로브나가 보낸 편지를 읽고 두냐가 루쥔과 약혼한 사실을 알게 되고, 4장에서는 마르멜라도프와 자기 가정사의 유사점을 발견하게 됩니다. 5장에서는 마르멜라도프의 추도식에서 주변 인물을 다 만나게 되고 루쥔이 소냐를 도둑으로 몰고 라스콜은 그녀를 변호해요. 6장에서는 드디어 라스콜리니코프가 소냐를 통해 회심하게 되고, 에필로그에서는 라스콜리니코프가 새 삶을 시작하게 됩니다.

Q : 책 전체를 단번에 읽게 되었어요. 그런데 목사님 그럼 이 책에서 도스토옙스키는 무엇을 말하고 싶었던 것일까요? 대학생 라스콜리니코프를 통해 어떤 메시지를 던져주고 있나요?

A : 일단 핵심 줄거리가 마르멜라도프와 라스콜리니코프의 불행한 가정사인 거잖아요. 그런데 이 가난과 불행의 원인이 무엇인가에 도스토옙스키는 관심을 가진 거죠. 마르멜라도프나 라스콜리니코프가 불한당도 아니고 나름으로 열심히 살아가는 사람들인데 왜 불행한가? 그 이유를 묻고 싶었던 거죠. 한마디로 말하면 당시 황제의 정치 실종이라고 본 것이죠. 대지주들에게는 세금을 면제해 주고 서민들에게는 가혹하게 세금을 매겼어요. 왜냐하면 지주들과 귀족들은 자신의 정치를 위협하는 자들로 본 반면 서민들은 상관없다고 여긴 거죠. 그러니 일반인들은 황제에게도 세금을 내야 했고, 지주들에게도 내야 했으니, 살림살이가 나아질 수 없었던 거죠.

Q : 역사는 참 아이러니하네요. 지금의 상황과도 유사한 것 같으니까요. 부자들에게는 감세해 주고, 서민들에게는 전기세, 가스비, 공산품 가격 등 각종 세금은 올리니까 말이죠. 그러니 요즘도 서민이 살아가기가 쉽지 않아요. 도스토옙스키가 오늘날 태어났어도 비슷한 소설을 썼을 것 같아요.

A : 확실히 대가는 그 시대 사람들의 심정, 상황을 잘 그려냈던 사람들인 것 같아요. 도스토옙스키는 그 시대 서민의 애환을 잘 담아

냈어요. 그래서 그가 묘사하는 소설의 배경도 전반적으로 어둡고 칙칙해요. 사실 생페테르부르크는 정말 아름다운 도시거든요. 저는 1992년에 갔었는데요. 생페테르부르크가 황제의 도시잖아요. 거리도 아름답고 건물들도 정말 아름다워요. 그러나 도스토옙스키가 묘사한 거리는 습하고 어두워요. 아름다운 네바강과 황제의 여름 궁전 같은 것이 아니죠. 냄새나는 하숙집, 싸구려 선술집 그리고 대부분의 등장인물도 사회에서 낙오된 자들이에요. 도스토옙스키는 화려한 건물 뒤 골목의 비참한 사람들의 일상을 그린 거죠.

Q : 어쩌면 도시의 화려한 외관이 아닌 속사정을 알린 것이네요. 건물에 가려진 이면의 삶, 실제의 삶을요.

A : 그렇죠. 도스토예프스키와 거의 동시대 사람인 미국인 헨리 조지가 겪었던 일화와 비슷할 거예요. 헨리 조지는 기자의 자격으로 뉴욕에 취재하러 갔다가 뉴욕의 엄청난 빌딩들에 놀랍니다. 자기가 살았던 캘리포니아와 비교할 수 없이 화려했기 때문이에요. 1900년대 초반에요. 그런데 헨리 조지가 한 번 더 놀랐던 것은 뉴욕의 뒷골목이었죠. 화려한 건물 뒤 골목에서는 가난한 자들이 집도 없이 떠돌고 있었거든요. 거리로 내몰린 사람들의 비참함을 목격하고 충격을 받았어요. 어떻게 한 도시에 이런 양극단이 존재하고 있는가? 그래서 돌아와 쓴 책이 『진보와 빈곤』이었어요.

Q : 여행객들이 보지 못한 진면목을 본 셈이네요. 도스토옙스키도 그랬

고, 헨리 조지도 그랬고, 제주도도 비슷하겠죠? 관광지의 화려함 뒤에 숨어 있는 일반 사람들의 아픔이 분명히 있을 것이니까요.

A : 도스토옙스키가 『죄와 벌』에서 말하고 싶었던 핵심이에요. 단편적으로 보면 이 책에서 죄인은 라스콜리니코프에요. 그는 노파를 살인한 자니까요. 하지만 도스토예프스키는 진짜 죄는 황제의 정치 실종이고, 그로 인한 스비드일가일로프나 루쥔 같은 지주들의 횡포를 고발한 셈이죠. 이런 구조적 죄 때문에 두냐와 소냐 같은 희생이 따른다는 것을 말하고 싶었던 것이에요. 그래서 라스콜은 자신은 단순히 노파를 살해한 것이 아니라 구조적 사회악을 처벌한 것이라고 스스로 시종일관 변명하죠.

Q : 제대로 이해하겠어요. 라스콜의 표면적 죄와 라스콜을 통해 고발한 이면적 혹 사회적 죄를 동시에 볼 수 있어야 한다는 뜻이네요. 그렇지만 라스콜리니코프가 행한 것도 범죄는 맞잖아요.

A : 맞습니다. 그래서 후반부에서 도스토옙스키는 소냐를 통해 라스콜리니코프를 다시 태어나게 합니다. 라스콜이 심한 열병에 걸려 누워있을 때 소냐가 정성껏 간호해 줍니다. 그러면서 요한복음 11장의 나사로 부활 이야기를 읽어 줍니다. 그때 라스콜의 양심이 부활하죠. 그래서 경찰서에 가서 자수를 하고 라스콜은 시베리아 형무소로 갑니다. 하지만 라스콜은 혼자 가지 않아요. 소설의 마지막 장면을 읽어 드릴게요.

그의 베개 밑에는 복음서가 놓여 있다. 그는 기계적으로 그것을 손에 들었다. 이 책은 소냐의 것으로 그녀가 그에게 나사로의 부활을 읽어 줄 때 들고 있었던 바로 그 책이었다. 그러나 이제 새로운 이야기, 한 사람이 점차로 소생되어 가는 이야기, 그가 새롭게 태어나는 이야기, 그가 한 세계에서 다른 세계로 옮겨 가는 이야기, 이제까지는 전혀 몰랐던 새로운 현실을 알게 되는 이야기가 시작되고 있다. 어쩌면 이것은 새로운 이야기의 주제가 되기에 충분할지 모르겠지만, 지금 우리의 이야기는 이것으로 완결되었다.

(p809. 11~13줄, p810. 3~8줄)

Q : 결말이 뭉클하고 비장하네요. 결국 감옥에서 라스콜은 성경을 통해 그리고 소냐를 통해 새 인생을 살게 될 것이라는 암시네요.

A : 도스토옙스키의 『죄와 벌』 꼭 읽어보시길 바랍니다. 아마 주인공 라스콜리니코프가 새로 태어난 것 못지않게 독자들도 그렇게 될 거예요.

Q : 네, 도스토옙스키의 『죄와 벌』을 함께 나눴습니다. 고전이 괜히 고전이 아니라는 것을 새삼 깨닫게 된 시간이었어요.

까라마조프씨네 형제들

표도르 도스토옙스키 ‖ 이대우 (옮긴이) ‖ 열린책들 ‖ 2007년

Q : 오늘도 도스토옙스키 작품 하나 더 소개해 주신다고 했는데 많은 작품 중 어떤 것인가요?

A : 오늘은 도스토옙스키의 마지막 작품을 소개 할게요. 이 작품을 집필하고 얼마 후 돌아가셨거든요. 그래서 이 작품이 마지막 유작이자 도스토옙스키의 사상을 다 담고 있다고 흔히 이야기해요. 워낙 유명한 작품이라 제목 정도는 알고 계실 것 같아요. 바로 그 유명한 『까라마조프씨네 형제들』입니다.

Q : 그 유명한 『까라마조프씨네 형제들』이군요. 이 책도 두께가 만만치 않던데요. 내용도 방대하고 작품 사상도 엄청날 것 같아요.

A : 제가 가지고 있는 책은 열린 책들에서 나온 것이고 상, 하 두 권

으로 구성되어 있어요. 각 권이 약 700 페이지 정도 되죠. 그런데 700페이지라고 미리 겁먹지 않아도 됩니다. 읽다 보면 그냥 빠져들게 되니까요.

Q : 700페이지가 두 권이니까 1,400페이지 정도 되겠네요. 이 책을 읽고 나면 뿌듯하고 왠지 큰 성공을 이룬 것 같은 느낌이 들겠어요. 그런데 이 책 역시 주인공 이름이 중요할 것 같아요. 책 제목이 『까라마조프씨네 형제들』이니까 까라마조프가 중요할 것 같아요.

A : 벌써 다 꿰셨어요. 등장인물이 많지만 정말 중요한 인물은 4명이에요. 아버지, 즉 가장 이름이 표도르 빠블로비치 까라마조프에요. 까라마조프가 마지막에 있으니까 가문의 이름이겠죠? 표도르에게는 아들이 세 명 있습니다. 첫째가 드미트리 표도로비치 까라마조프에요. 중간에 표드로비치가 들어가죠. 아버지 이름이 표도르니까요. 첫 번째 부인이 낳은 아들이에요. 이후 두 번째 부인을 통해 아들 두 명을 낳는데 둘째는 이반 표도로비치 까라마조프이고요. 그리고 막내 알로샤 표도로비치 까라마조프가 있어요. 간단하게 정리하면 까라마조프라는 가문에 아버지 표도르, 첫째 드미트리, 둘째 이반, 셋째 알로샤 이 네 명을 중심으로 전개되는 복잡한 이야기입니다.

Q : 까라마조프라는 가문에서 일어나는 아버지와 세 아들의 이야기이다. 딱 그렇게 정리하면 되겠네요. 그런데 이 집안의 분위기는 화목한 가

정인가요, 아니면 불행한 가정인가요?

A : 도스토옙스키의 이야기에 등장하는 대부분의 가정은 불행해요. 좀 심하게 말하면 이 작품은 막장 드라마예요. 일단 아버지가 결혼을 두 번 했어요. 그리고 첫째 아들 드미트리는 까쩨리나 이바노브나 베르호프쩨바, 줄여서 까쨔라고 부르는 약혼자가 있음에도 불구하고 아버지의 젊은 애인 그루셴까를 넘봐요. 뿐만아니라 드미트리는 재산 상속에 불만을 품기도 하고요. 그래서 입버릇처럼 '아버지를 죽이고 말 거야.'라고 말하고 다녀요. 이것만 보아도 막장 그 자체죠?

Q : 요즘 막장 드라마는 주로 시어머니와 며느리의 다툼인데 이미 그 시대에 이것과는 비교할 수 없는 막장 드라마가 펼쳐지네요.

A : 또한 자식 간에도 사이가 별로 안 좋아요. 드미트리는 군인이고, 이반은 지식인이에요. 막내 알로샤는 수도원에 들어가 사는데 요즘 말로 하면 신학생인 거죠. 특히 드미트리와 이반의 사이가 안 좋아 늘 다투죠. 막내 알로샤 만이 이 집안에서 유일하게 양심을 가지고 있는 인물이지요. 또 이 가정에서 중요한 인물이 한 명 있는데 바로 집안의 요리사인 스메르쟈코프에요. 이 인물이 소설 말미에 아주 중요한 키를 쥐고 있어요. 내용으로 넘어가면, 아버지 표도르 까라마조프가 어느 날 누군가에 의해 죽임을 당합니다. 그래서 범인을 찾고자 수사를 하게 되고, 결국 큰아들 드미트리가 유력한

용의자로 지목되죠. 왜냐하면 그는 술을 마시면 입버릇처럼 아버지를 죽여버리겠다고 말했거든요.

Q : 참으로 엉망인 집안이네요. 드미트리가 아버지를 죽인 것이 맞나요?

A : 그건 제가 말씀드리기 곤란해요. 둘째 이반도 용의선상에 오르긴 해요. 왜냐하면 집 요리사이자 하인 스메르쟈코프가 이반이 죽였다고 주장하거든요. 그러자 드미트리의 약혼자인 까쩨리나 이바노브나가 이반을 옹호해요. 이반이 형의 약혼자를 좋아하거든요. 까쩨리나는 자신을 버리고 그루셴까를 좋아하는 드미트리에게 복수하기 위해 그가 자신에게 쓴 편지를 공개해요. 그 편지에 아버지를 죽이겠다는 말이 써 있어요. 그래서 결국 드미트리가 아버지 살해범으로 법정에 서게 돼요.

Q : 이거 뭐, 더 이상 할 말이 없는 내용이네요. 요즘 흔한 드라마의 소재인 어디 재벌가 형제들의 싸움판을 보는 듯해요. 도스토엡스키의 소설이 이런 시리즈의 원조 격이네요. 그런데 도스토엡스키는 왜 이런 내용을 마지막 작품으로 썼을까요?

A : 우선 도스토엡스키의 삶을 돌이켜 봐야 하는데요. 지난번에 언뜻 이야기했죠. 도스토엡스키는 아버지의 사랑을 제대로 받지 못했어요. 아버지가 구휼 병원의 의사였는데 자식에게 별 관심이 없었어요. 말년에는 모은 돈으로 시골에 농장을 사서 운영했지만 하인

들을 심하게 다루어서 결국 하인들의 폭동으로 목숨을 잃게 되지요. 도스토옙스키는 군에 입대해서 장교로 복무합니다. 하지만 불온서적을 읽었다는 이유 때문에 강제 퇴역을 당하게 돼요. 이후 작가로 등단하며 뻬뜨라세프스키 클럽에 가입했어요. 소위 황제를 몰아내자는 불온 세력이었어요. 1849년 4월 23일 도스토옙스키와 클럽 회원들은 비밀경찰에 체포가 됩니다. 당시 황제 니콜라이 1세는 이 젊은 지식인들에게 본때를 보여 주어야겠다고 생각하고 한 가지 작전을 짜게 됩니다. 원래는 징역 4년 형을 부여했지만, 가짜로 사형을 선고해요. 그리고 실제로 형장에 끌고 나가 총살을 내리게 했어요. 그러나 이것은 황제의 각본이었어요. 사형 집행관이 발사 명령을 내리기 직전 특사를 보내 사면령을 내리게 했던 거죠.

Q : 온갖 생각이 교차했겠네요. 죽음을 직전에 두고 풀려나게 된 것이네요? 정신적 충격이 만만치 않았겠는걸요.

A : 그 사건 때문이었는지 도스토옙스키는 평생 간질병을 안고 살았어요. 일종의 정신착란증이죠. 그리고 도박에 빠져들기도 했어요. 석영중 교수님이 쓴 책 제목이 『도스토옙스키 돈을 위해 펜을 들다』인데요. 도박 빚을 갚기 위해 소설을 썼던 적이 많아요. 어쨌든 사형은 면했지만 1849년 도스토옙스키는 시베리아에 있는 옴스크라는 감옥으로 유배되었고 약 10년간 감옥 생활을 하죠. 1859년이 되어서야 페테르부르크로 돌아올 수 있었어요. 이런 작가의 파란만장한 삶이 작품 『까라마조프씨네 형제들』에 담겨 있어요. 극 중 까

라마조프는 자신의 친부이기도 해요. 첫째 드미트리와 둘째 이반은 젊은 날의 작가 자신의 분신이기도 하죠. 도스토옙스키는 젊은 날 군인이었을 때 황제, 즉 아버지에게 반기를 들었으니까요. 이후에는 지식인으로서 이반처럼 황제를 비판했고요. 이러한 경험이 작품에 녹아 있는 거죠.

Q : 그럼 셋째 알로샤는 인생 후반의 도스토옙스키라 볼 수 있을까요?

A : 맞습니다. 도스토옙스키는 시베리아 형무소로 들어가기 전 한 아주머니가 건넨 신약성경을 받아요. 감옥에서 별로 할 일이 없으니, 신약성경을 읽은 거죠. 그러다 극적으로 회심을 해요. 무신론자 이반에서 신의 은총을 갈망하는 셋째 알로샤로 변화된 것이죠. 그래서 그의 전반적인 작품에는 가난하고 불행하지만 신의 은총을 받은 인물들이 등장해요. 러시아 말로 '유로지비'라고 하는데 사회에서 별 볼 일 없는 사람들, 하층민이에요. 그러나 도스토옙스키는 바로 그런 사람들이 신의 은총을 받는 사람들이고, 그런 사람들이 세상의 희망이라고 말하고 있죠. 까라마조프씨네 형제 중에서도 가장 약하게 보이는 알로샤가 실제로는 집안의 희망이자 구원이 되었지요.

Q : 목사님 설명을 듣고 책을 읽으면 훨씬 의미 있고 감동적으로 볼 수 있을 것 같아요. 그러면 도스토옙스키가 굳이 마지막 작품으로 왜 이런 내용을 썼을까요?

A : 소설은 그 시대의 산물이라고 했어요. 당연히 그 시대상을 반영하고, 은유와 풍자를 통해 시대를 비판합니다. 도스토옙스키는 그런 일을 소설을 통해서 하려 했던 거죠.

Q : 목사님 말씀 들으니 이해가 되네요. 자기 소설을 통해 당시 시대를 비판하고자 했다는 거죠? 그럼 둘째 아들 이반과 셋째 아들 알로샤는 무엇을 상징할까요? 이 아들들을 통해 무엇을 말하고자 했을까요?

A : 둘째 이반은 소위 지식인입니다. 도스토옙스키가 살던 시대의 신지식인들이라 할 수 있겠죠? 도스토옙스키 본인도 지식인 그룹에 속했었어요. 지식인들은 황제를 비판하면서 자신들이 꿈꾸는 새로운 나라를 만들려고 나름 노력했다고 봐야죠. 하지만 도스토옙스키는 당대의 지식인들이 주장하는 나라, 이상의 허점을 파악했던 것이죠. 잘못된 지식은 오히려 해가 될 수 있음을, 지식인들의 위선을 지적하고 싶었던 거예요. 극 중에서 이반은 온갖 바른말을 해요. 하지만 이반조차 사실은 또 다른 욕망의 소유자이자, 교묘하게 욕망을 감춘 위선자였던 거죠. 형의 애인을 노렸잖아요. 아버지를 죽이려고 했고요. 첫째인 드미트리는 입버릇처럼 아버지를 죽여야지라고 했다면, 이반은 자신의 집에 종살이하던 스메르자코프를 충동해서 아버지를 죽이려 했다는 차이점이 있어요.

Q : 군인인 첫째보다 지식인 둘째가 더 무섭고 위험한 인물일 수 있겠네요?

A : 그렇죠. 우리나라의 역사를 보아도 그렇지 않나요? 실제로 고려시대 무신정권이나 조선시대도 마찬가지고 무신들은 좀 단순한 면이 있었잖아요. 하지만 실제 왕을 움직이고 나라를 움직였던 자들은 교묘한 말을 일삼았던 문신들이었잖아요. 늘 대의명분을 주장하지만 실제로는 자신들의 욕망을 채웠던 자들이 많았죠. 때로는 왕을 제거하기도 했잖아요. 지식인들은 자신들의 지식이 절대적이라 믿기에 더 위험해요. 자신이 다 알고 있다고 여기고 자신이 진리라고 생각하니까요. 그래서 도스토옙스키는 『까라마조프씨네 형제들』이라는 큰 줄거리 책 안에 마치 부록처럼 작은 책을 한 챕터로 넣었는데요. 그 유명한 [대심문관]이라는 장입니다.

Q : 대심문관, 말은 많이 들었는데 정확히 어떤 내용인지 잘 모르거든요. 그리고 이것이 왜 중요한지도 말이에요.

A : [대심문관]은 까라마조프씨네 형제들 제2부, 제5권 5장에 등장하는 이야기예요. 둘째 이반과 셋째 알로샤 간의 대화 중 이반이 말하는 부분입니다. 이반은 알로샤에게 자신이 쓴 대서사시가 있다고 하면서 이 이야기를 들려줍니다. 즉 이반이 생각하는 바를 알로샤에게 전해주는 방식이에요. 대심문관의 배경은 16세기 스페인입니다. 당시 스페인에는 마녀사냥이 있었어요. 어떤 여성에게 마귀가 들었는지 아닌지 등을 결정하는 자가 소위 대심문관이지요. 이 소설에는 아흔 살의 추기경으로 묘사되죠.

Q : 그렇군요. 소설 중의 소설이고, 극 중의 독립된 극이다. 그런데 대심문관이라는 사람은 마녀사냥, 이단 사상을 감시하고 결정해서 처형하는 역할을 맡은 사람이라는 거죠?

A : 맞습니다. 도스토옙스키의 소설 중 대심문관이라는 제목이 붙은 이 장에서는 예수님이 등장해요. 예수님이 오병이어의 기적을 행하고 또 병든 사람들을 고쳐주셨잖아요. 그런데 이런 상황에 대심문관이 등장해서 예수님을 감옥에 가둬버려요. 그러고는 대심문관인 추기경과 예수님과의 대화하는 장면이 이어져요. 한 대목을 읽어 드릴게요.

당신은 그들에게 천상의 빵을 약속했지만, 다시 말해 두지만, 그들의 눈에 그것이 지상의 빵과 비교될 수 있을 거라고 생각하오? 수천, 수만 명의 사람이 천상의 빵의 이름으로 당신을 따른다 해도 천상의 빵 때문에 지상의 빵을 경시할 능력이 없는 수백만, 수천만의 사람들이 남게 될 것이 아니요? 당신한테는 능력 있는 수만 명의 사람만이 소중할지 모르지만, 수백만, 아니 바닷가의 모래알처럼 수없이 많은 사람, 연약하지만, 당신을 사랑하는 그 많은 사람이 위대하고 능력 있는 사람들을 위한 재료가 되어야만 하겠소?(p451, 9~18줄)라고 경고해요.

Q : 예수님은 사람이 빵으로만 살 것이 아니요, 하나님의 말씀으로 살 것이라고 하지 않았나요? 그런데 이 부분에서 대심문관 추기경은 사람들은 하늘의 빵, 즉 말씀보다 실제 빵이 더 중요하다고 오히려 가르치는 것 같아요?

A : 맞습니다. 도스토옙스키는 당시 러시아 정교의 부패상을, 소설을 통해 고발하고 있어요. 러시아 정교가 권력과 결탁해서 예수님의 참된 가르침을 버리고 오히려 종교 권력이 된 것을 비판한 것이죠. 대심문관이 계속 이렇게 말해요.

당신한테 제안했던 것이 그것이란 말이오. 무기력한 반란자들의 행복을 위해서 세 가지 힘, 그들의 양심을 영원히 지배하고 사로잡을 강력한 세 가지 힘이 지상에는 존재하오. 그 힘은 다름 아닌 기적과 신비와 교권이오. 당신은 첫 번째 것도, 두 번째 것도 그리고 세 번째 것도 거부했으며 스스로 그 모범이 되었소 …. 하지만 인간들은 하나님보다 기적을 더 찾기 마련이오. 반역자, 이교도, 무신론자가 되면서도 새로운 기적을 창조해내고, 심지어 마법, 황당무계한 기적에 매료된다오. 당신은 인간들을 너무 과대평가했소.(p454. 8~13줄)라고 해요.

Q : 그러니까 일반적으로 사람들은 참된 믿음보다 기적이나 신비한 것 등을 찾는다는 뜻이네요?

A : 그렇습니다. 그래서 도스토옙스키는 유명한 경구를 남겼어요. "기적이 신앙을 낳는 것이 아니라, 신앙이 기적을 낳는다." 오병이어의 기적, 죽은 나사로가 살아난 기적 등을 보았지만 결국 사람들은 예수님을 십자가에 못 박는 어리석음을 택했잖아요. 기적을 추구하는 것은 참된 신앙이 아니죠. 일종의 자기암시이자 우상숭배와 같은 거예요. 참된 신앙은 매일의 삶에서 말씀대로 살아가는 것이죠.

Q : 도스토옙스키는 까라마조프씨네 형제들을 통해 참된 신앙, 참된 구

원에 대해서 말하고자 한 것이네요.

A : 그 예로 또 한 단락인 [파 한 뿌리]가 있어요. 그루센까가 알로샤에게 한 이야기인데요. 그루센까는 표도르의 애인이자 드미트리의 연인이기도 해요. 막 나가는 여자죠.

옛날에 몹시 심술 고약한 할멈이 살다가 죽었어요. 그런데 그 할멈은 평생 선행이라곤 눈곱만큼도 해본 적이 없어요. 그래서 악마들은 지옥 불에 빠뜨리고 말았지요. 할멈의 수호천사는 하나님께 말씀드릴 만한 할멈의 선행으로 어떤 것이 있을까 하고 곰곰이 생각했지요. 문득 한 가지 생각이 떠오른 천사는 '저 할멈이 밭에서 파 한 뿌리를 뽑아서 거지에게 준 일이 있습니다.'라고 하나님께 말씀드렸어요. 그러자 하나님께서는 이렇게 대답하셨어요. "너는 바로 그 파 한 뿌리를 가져가 지옥 불 속에 내밀어서 할멈이 그걸 붙잡고 빠져나올 수 있도록 해라. 만약 할멈이 그걸 붙잡고 빠져나오면 천국으로 가도록 하고, 파가 끊어지면 지금 있는 곳에 계속 머물게 하라.(p623. 26줄~p634. 9줄)

이 할멈은 어떻게 되었을까요?

Q : 왠지 안 좋은 결말 같아요.

A : 이어지는 대화에서 알로샤는 그루센까에게 이렇게 말합니다.

내가 당신에게 그런 일을 해 주었단 말씀인가요?" 알로샤는 감동 어린 미소를 지으며 대답한 후 허리를 굽혀 그녀의 손을 부드럽게 잡았다. "난 당신에게 파 한 뿌리를, 아주 작은 파 한 뿌리를 주었을 뿐입니다. 그것뿐이에요. 그것뿐! (p633. 15~18줄)

결국 이 문단에서 알로샤의 믿음과 선행은 이 집안의 구원이 될 것을, 막장 드라마에서 진정한 사랑과 희망이 될 것을 암시하죠. 도스토옙스키는 새롭게 일어나는 젊은이들, 알로샤 같은 믿음의 젊은이들, 새로운 세대가 러시아의 구원임을 자신의 마지막 작품에 녹여 낸 것이에요.

Q : 아~ 그래서 위대한 작품이군요. 『까라마조프씨네 형제들』이 얼핏 보면 무슨 막장 드라마 같지만, 놀라운 구원, 인간에 대한 이해 그리고 희망을 말하는 작품인 것이군요.

사람은 무엇으로 사는가?

레프 톨스토이 ‖ 홍대화 역 ‖ 현대지성 ‖ 2021년

Q : 예고하신 대로 톨스토이의 책들을 소개해 주시기로 했잖아요?

A : 네 맞습니다. 톨스토이의 이름을 모르는 사람은 거의 없을 겁니다. 1828년 9월 9일 러시아의 툴라현 야스나야 폴랴나에서 태어났습니다. 모스크바와 우크라이나 중간 정도에 있는 지역이에요. 귀족이자 지주의 아들로 태어났고, 1844년 외교관이 되려고 카잔 대학에 입학했으나 공부에 별 흥미를 느끼지 못했어요. 1851년 군에 입대해서 체첸과의 전쟁 후 세바스토폴 전투에서 공을 세워 중위로 진급했으나 곧 제대했어요. 그리고 34세에 18세였던 소피야 안드레예브나 베르스와 결혼했어요. 바로 그 유명한 3대 악처로 불리는 소피야인 거죠.

Q : 악처라? 톨스토이와 부인의 사이가 별로 안 좋았는가 보네요?

A : 실제로는 조금 과장된 면이 있어요. 톨스토이는 귀족이면서 엄청난 땅을 소유한 지주였어요. 소피야 역시 귀족 집안의 딸로 자랐고요. 18살에 결혼을 했으니, 철이 들었을 리 없잖아요. 문제는 톨스토이가 헨리 조지 같은 사람의 영향을 받아 극적 회심을 했다는 점이에요. 회심하고 난 뒤 자기 땅을 소작농에게 나눠주고 공동체를 일궈 생활하려고 했으니 부인이었던 소피야로서는 황당했던 거죠.

Q : 그랬겠네요. 아무래도 여성의 처지에서 보면 편하고 안정적인 삶을 원하니까요. 특히 부유하게 살았던 소피야로서는 더욱 그랬을 것 같아요.

A : 톨스토이가 신중하지 못했던 것일까요? 이후 톨스토이는 작품활동에 전념하는데 우리가 잘 아는 위대한 장편 『전쟁과 평화』, 『안나 카레니나』 같은 작품을 내놓게 되면서 세계적 거장으로 발돋움합니다. 이후 톨스토이는 러시아 민담에 관심을 가지고 『사람은 무엇으로 사는가?』, 『사람에게는 얼마만큼의 땅이 필요한가?』, 『사랑이 있는 곳에 신이 있다』 등 짧은 단편들을 씁니다. 그리고 톨스토이가 마지막에 쓴 장편은 『부활』입니다. 화려한 명성과는 달리 톨스토이는 아주 검소한 생활을 유지했고, 공동체를 조성해서 살았어요. 당대의 러시아 정교를 비판했기에 파문을 당했고, 고난받는 소수파로 살았어요. 그러다 딸과 함께 여행을 떠났다가 1910년 11월 20일 82세의 나이에 랴잔현의 아스타포보역에서 죽게 되죠.

Q : 위대한 작가가 기차역에서 객사하다니 어찌 보면 참 안타까운 사연이네요. 하지만 목사님의 말씀을 듣고 보니 톨스토이는 위대한 작품을 썼을 뿐만 아니라 작품의 내용을 삶에 적용하면서 실제로 살아냈던 사람 같아요. 그래서 더 위대한 사람이었겠죠?

A : 맞습니다. 마지막 작품이 『부활』인데 톨스토이 자신의 자전적 소설이에요. 부활의 주인공 네흘류도프 공작은 복음서를 읽고 회심하여 자기 땅을 소작농에게 나눠주는 일을 하죠. 톨스토이는 자신이 존경하는 인물로 도스토옙스키와 헨리 조지를 자주 언급했어요. 사실상 헨리 조지의 책을 읽고 그대로 살아내려 했던 것이죠.

Q : 목사님, 많은 톨스토이의 작품 중에서 오늘은 어떤 것을 소개해 주실 것인가요?

A : 도스토옙스키의 작품으로 청취자 여러분이 고생 좀 하셨으니까 쉽게 읽을 수 있는 책을 골랐어요. 아이들도 함께 읽을 수 있는 책으로 바로 톨스토이의 민담집 중의 하나인 『사람은 무엇으로 사는가?』를 소개해 드릴게요.

Q : 『사람은 무엇으로 사는가?』 제목은 굉장히 심오한데요. 철학이나 신학 같은 이야기를 하려는 것 같기도 하고요. 그런데 민담, 즉 가벼운 이야기라는 거죠?

A : 맞습니다. 우선 이 이야기의 첫 장은 성경 구절로 시작해요. 요한일서 3장, 4장의 구절을 적어 놓았어요.

누구든지 세상의 재물을 가지고 있으면서 자기의 형제가 궁핍한 것을 보고도 마음의 문을 닫고 동정하지 않는다면 어찌 그에게 하나님을 사랑하는 마음이 있다고 하겠습니까?(요한일서 3:17 절) 사랑하지 않는 사람은 하나님을 알지 못합니다. 하나님은 사랑이시기 때문입니다.(요일 4:8) 아직까지 하나님을 본 사람은 없습니다. 그러나 우리가 서로 사랑한다면 하나님께서는 우리 안에 계시고 또 하나님의 사랑이 우리 안에서 이미 완성되어 있는 것입니다.(요일 4:12)(p139. 3~6줄)

감이 오시나요? 사람은 무엇으로 살까요?

Q : 첫 장, 성경 구절에서 답을 제시하고 있는 것 같아요. 사랑이 아닌가요? 사람은 하나님의 사랑으로 산다고 하는 것 같아요.

A : 소설의 첫 구절은 이렇게 시작합니다.

한 제화공이 아내와 아이들과 함께 어느 농부네 집에 세 들어 살았다. 그에게는 집도, 땅도 없어 신발을 만들어 식구를 먹여 살렸다. 빵은 비싼데 일은 값쌌고, 그래서 버는 족족 먹어 치웠다. 제화공에게는 털외투가 한 벌뿐이라 아내와 같이 입었는데 그마저도 넝마처럼 해어졌다. 새 외투를 만드는 데 들어갈 양모를 사려고 작정한 지도 벌써 두 해째였다.(p140. 10~14줄)

주인공 이름은 세몬, 제화공, 즉 구두 만드는 사람이에요. 가난하죠. 집도 땅도 없으니까요. 어느 날 구둣값을 받으려고 읍내에 나갔지만, 빈털터리로 집으로 돌아오게 돼요. 외상값은 못 받고 대신 구두 수선을 의뢰받았는데 20 꼬뻬이까를 받아요. 화가 난 세몬은 그 돈으로 술을 마시고는 투덜투덜하며 집으로 향하죠. 그러다 예배당을 지나가는데 이상한 물체가 예배당 모퉁이에 있는 것을 발견해요.

Q : 무엇이었을까요? 사람인가요?

A : 그렇습니다. 추운 겨울인데 알몸의 청년이 웅크리고 있었어요. 세몬은 자기 옷을 벗어주고 수선해야 할 고객의 장화를 청년에게 던져주고는 자기 집으로 데리고 가죠. 그런데 이 장면의 묘사가 참 재밌어요.

세몬은 낡은 모자를 벗으려고 했다. 벌거숭이에게 씌워 줄 생각이었다. 그러나 머리가 시리자 마음을 고쳐먹었다. '내 머리는 온통 대머리지만, 이 녀석은 머리털이 곱슬곱슬한 데다 길기도 하군.' 그는 다시 모자를 썼다.(p143, 11~13줄)

겉옷과 장화는 던져주었지만, 모자는 포기할 수 없었어요.

Q : 이 모습이 너무 솔직하고 또 한 편으로는 세몬이 참 착하다고 느껴지는 장면이에요. 자기는 대머리인데 젊은 친구는 머리털이 많으니, 모자는 내가 써야 한다고 하는 것이 정겹게 느껴져요.

A : 이 청년을 집으로 데리고 오자 기다렸던 아내 마뜨료나는 다짜고짜 잔소리를 퍼부어요. 받아야 할 돈은 못 받고, 술 한잔 걸쳤지 그리고 사람까지 데리고 왔으니 화가 날 수밖에 없죠. 한참 잔소리

를 듣던 세몬이 이렇게 말해요.

"그래 다 얘기해 준다니까. 길을 가는 데 예배당 옆에 벌거벗은 이 사람이 꽁꽁 언 채로 앉아 있더라고. 나 원 참, 하나님이 날 보내시지 않았다면 저 사람은 큰일 났을 거라고 …. 마뜨료나, 당신 안에는 하나님이 없는 거요?"(p147. 11~15줄)

Q : 앗, 맞는 말이긴 한데 좀 위험한 말인데요? 하나님을 들이대면 꼼짝 못 하죠.

A : 그렇죠? 마뜨료나는 마지막 남은 빵을 이방인에게 줘요. 그리고 그 밤에 두 사람은 대화하는데 마뜨료나는 이렇게 말하죠. "우리는 베푸는 데 왜 우리에게는 아무도 베풀지 않는 걸까요?"

Q : 전 솔직히 마뜨료나의 마음을 알 것 같아요. 나는 말씀에 순종하는데 이상하게도 나에게는 이런 행운이 안 오는 것 같단 말이에요. 나는 사랑하는데 다른 사람은 그것을 악용하기도 하고요.

A : 톨스토이도 아마 아내인 소피야에게 이런 말을 자주 들었을 것 같아요. 암튼 이 젊은 친구는 세몬의 집에서 구두 수선하는 일을 하면서 지내게 되죠. 그러다 두 사람이 방문했어요. 첫 번째 사람은 매우 거들먹거리는 부자로 좋은 가죽을 가지고 와서 장화를 만들어 내라고 하는 것이었고, 두 번째는 한 아주머니가 쌍둥이 딸을 데리고 와서 구두를 만들어 달라고 하는 장면이에요. 청년의 이름은 미하일이었는데 딱 세 번 웃어요. 마뜨료나가 빵을 내어 올 때와

바로 이 두 손님이 등장할 때였죠.

Q : 여기에 힌트가 있는 것이군요. 무슨 사연일까요?

A : 책을 읽어보시면 알 수 있어요. 미하일을 통해 톨스토이는 세 가지 질문을 던져요. 첫째는 사람에게는 무엇이 있는지, 둘째는 사람에게는 무엇이 없는지, 즉 주어지지 않았는지, 셋째 질문은 사람은 무엇으로 사는가였어요. 사실 미하일은 하나님의 천사였는데 이 질문에 대한 답을 깨닫기 위해 땅으로 내려왔어요. 사람에게는 우선 사랑이 있고요. 둘째는 사람은 자신이 언제 죽을지 모르고요. 셋째, 사람은 사랑으로 살아간다는 것이 톨스토이의 교훈입니다. 이 소설 마지막 부분을 읽어 드릴게요.

하나님은 사람들이 개인으로 살기를 바라시지 않습니다. 그래서 사람들 각자에게 무엇이 필요한지 보여 주시지 않는 겁니다. 사람들이 함께 어울려 살아가기를 원하시기에 하나님은 그들 모두에게 공동으로 무엇이 필요한지를 보여 주시는 겁니다. 이제 저는 깨달았습니다. 사람들은 자기들이 이기심으로 살아간다고 여기지만 사실 그들은 사랑으로만 살아갑니다. 사랑을 실천하는 사람은 곧 하나님을 간직하고 사는 것입니다. 하나님이 곧 사랑이시기 때문입니다.(p164, 8~10줄)

Q : 처음부터 끝까지 말하고자 하는 것은 결국 하나님은 사랑이시고 우리가 사랑하면서 살아갈 때 하나님 안에서 살아간다는 것이네요. 찬 바람이 부는 오늘 같은 날 딱 맞는 말인 것 같아요. 좋은 책 소개해 주셔서 감사드립니다. 오늘 이 사랑을 실천해 보면 어떨까요?

부활

레프 톨스토이 ‖ 박현규 역 ‖ 민음사 ‖ 2003년

Q : 오늘 소개해 주실 책은 무엇인가요?

A : 톨스토이의 장편 소설 중 하나를 소개해 드리려고 합니다. 톨스토이의 유명하고 잘 알려진 장편은 『전쟁과 평화』, 『안나 카레니나』 그리고 『부활』인데요. 오늘은 그의 마지막 작품인 『부활』을 소개해 드릴게요. 우선 무엇보다 부활의 주인공이 누구인지 말씀드릴게요. 소설에는 많은 사람이 등장하지만 두 명만 기억하면 될 것 같아요. 우선 남자 주인공은 드미트리 레흘류도프입니다. 땅을 많이 소유한 부자 공작입니다. 여자 주인공 이름은 '류보프 마슬로바'인데 애칭으로 카투사라고 불러요. 네흘류도프와 카투사 두 명의 이야기입니다.

Q : 네흘류도프와 카투사, 공작과 한 여인, 그럼 사랑 이야기인가요?

A : 사랑은 사랑인데 단순한 남녀의 사랑을 넘어 인간 자체에 대한 사랑 이야기라고 해야겠죠? 우선 이야기의 시작은 네흘류도프가 어떤 재판의 배심원으로 참석하면서 일어납니다. 한 여인의 살인 혐의에 대한 재판이었어요. 짐작하시겠지만 이 여인은 카투사입니다. 여인을 자세히 지켜보던 네흘류도프는 갑자기 충격에 싸이게 됩니다.

Q : 충격에 싸인다…. 대충 짐작이 갑니다. 이 여인은 네흘류도프의 연인이었는데 과거에 헤어졌던 뭐 그런 스토리 아닌가요?

A : 반은 맞고 반은 틀렸어요. 네흘류도프와 관계있는 여인은 맞습니다. 네흘류도프가 젊을 때 고모 집에 잠시 머문 적 있었는데 그때 카투사는 고모집의 일을 도와주던 하녀였어요. 네흘류도프는 카투사를 유혹해서 잠자리를 갖습니다. 그러고는 집에 돌아와 카투사와의 인연은 잊어버렸어요. 하지만 카투사는 임신을 한 사실이 드러나 고모의 추궁을 받고 쫓겨나게 됩니다. 쫓겨난 카투사는 절도도 하고, 몸을 파는 매춘도 하다 결국은 살인 혐의까지 받아 재판에 오게 된 것이죠.

Q : 이런, 카투사를 알아본 네흘류도프가 상당히 당황했겠어요. 결국 자신의 잘못 때문에 한 여인의 인생이 무너져 내린 것이나 마찬가지 아닌가요?

A : 맞습니다. 그래서일까요? 네흘류도프는 카투사의 무죄를 입증하기 위해 최선을 다해요. 재판부를 설득하기도 하고, 배심원들을 설득하기도 하고 또 스스로 진짜 범인을 찾아 나서기도 하고요. 그리고 무엇보다 네흘류도프는 카투사에게 찾아가 자신이 네흘류도프라고 밝히고 그녀의 인생을 책임지겠다고 하죠.

Q : 그나마 다행이네요. 오히려 모른 척 할 수도 있잖아요. 네흘류도프는 지역의 유지이자 귀족인데 살인 혐의를 받는 매춘부의 구명 활동을 한다면 이런저런 오해도 받을 수 있으니까요.

A : 이 작품이 톨스토이의 마지막 소설이라고 했잖아요. 삶의 여러 과정을 거치면서 톨스토이는 진지한 회심을 경험했고 진짜 인생이 무엇인지, 하나님의 사랑이 어떤 것인지를 진지하게 고민했죠. 그래서 이 작품의 전면부는 카투사와 네흘류도프의 이야기를 통해 한 인간의 진지한 회개와 하나님의 사랑을 보여 주려고 했어요.

Q : 요약하면, 네흘류도프 공작이 카투사의 사면을 위해 애쓰는 것은 자신의 잘못, 죄에 대한 진지한 회개라는 말씀이네요.

A : 그렇죠. 네흘류도프는 자신의 무책임한 행동이 한 사람의 인생을 얼마나 망가뜨리는지를 목격하고, 깊은 자책을 하게 되죠. 그래서 이 여인의 인생을 되돌리려고 했던 것이지요. 이 부분은 구약의 속건제를 연상시킵니다. 속건제는 어떤 사람이 누군가에게 피해를

주었을 때 하나님 앞에서 회개하는 제사인데 반드시 자신이 피해를 준 것의 20%를 더 해서 배상을 하게 했어요. 하나님 앞에서만 회개 하는 것이 아니라, 피해를 준 사람에게 배상하고 용서를 구해야 완성되는 것이죠.

Q : 네흘류도프의 행동이 카투사에게 배상 혹은 진심으로 용서를 구하는 것이라는 뜻이네요.

A : 맞습니다. 진짜 회개는 반드시 피해자에 대한 사과 및 용서가 동반되어야 하는 것이죠. 혼자서 기도하고 용서를 구하고 끝내버리는, 이른바 셀프 회개는 별 의미가 없어요. 영화 '밀양'에서도 살인자가 감옥에서 하나님을 만났다고 하면서 자신은 하나님께 용서받았다고 혼자서 해결했다고 말하잖아요. 정작 피해자는 사과받지도 않았고 용서하지도 않았는데 말이죠. 그래서 오열하잖아요. 톨스토이는 이미 오래전에 자신의 소설 『부활』에서 네흘류도프라는 주인공을 통해 진짜 사과, 진짜 용서, 화해가 무엇인지 보여 주려고 한 것이죠.

Q : 저도 '밀양'이라는 영화에서 그 장면이 이해가 안 되었거든요. 그런데 실제로 우리가 또 그런 식으로 셀프 사과, 셀프 용서를 하고 살기도 하잖아요.

A : 그렇기도 하죠. 우리가 용서에 대해, 하나님의 사랑에 대해 오

해해서 그래요. 본회퍼 목사님께서는 이런 것을 값싼 은혜, 값싼 복음이라 불렀죠. 하나님의 은혜, 하나님의 사랑을 오해하고 있단 것인데, 하나님께서 우리의 죄를 용서해 주실 때 우리는 한 것이 없지만, 하나님 편에서는 엄청난 것을 하셨거든요. 하나님은 우리 죄를 용서하시기 위해 독생자이신 예수님을 십자가형에 내어주셔야 했고요. 예수님 역시 자신의 생명을 내어주셨죠. 절대로 공짜가 아니에요. 우리는 무엇과도 바꿀 수 없는 희생을 통해 용서받은 거예요. 이것은 값을 매길 수 없기에 우리가 값을 치르지 않은 것뿐이죠.

Q : 값을 매길 수 없어서 값을 치르지 않았다, 결코 아무런 대가 없이 용서받은 것이 아니다, 깊이 새겨야 할 것 같아요.

A : 톨스토이가 무엇을 말하려 했는지 감이 오시죠? 우리가 이 한없는 사랑을 받았기에 그 사랑에 보답하기 위해서 사랑을 실천하는 것이죠. 네흘류도프는 문득 이 사실을 깨달은 것이죠. 이것이 부활의 의미라고 할 수 있죠. 톨스토이는 분명히 알았어요. 부활이라는 것이 죽어서 천국 가는 것에 그치는 것이 아니라, 예수님을 믿을 때 양심이 살아나고, 용서를 깨닫게 되어 예수님의 사랑에 감동하여 새로운 삶을 살아가는 것, 이것이 진정한 부활이라는 것이죠. 도스토옙스키가 『죄와 벌』에서 말한 부분이기도 하지요. 라스콜리니코프에게 소냐가 나사로의 부활 이야기를 들려주거든요. 그때 라스콜의 양심이 살아났어요. 그것이 부활이라고 본 것이에요.

Q : 우리가 예수님을 만날 때 양심이 살아나고, 영혼이 살아나서 하나님의 사랑을 제대로 깨닫게 되고 따라서 그 사랑을 실천하는 사람으로 살아가는 것, 이것이 부활이다. 그런데 목사님, 이쯤에서 갑자기 궁금해진 것이 하나 있어요. 네흘류도프는 이렇게 변화되었는데 카투사는 어떻게 되었나요? 카투사는 이 사랑을 어떻게 받아들이나요? 살인 혐의는 벗겨지나요?

A : 카투사는 네흘류도프가 떠났을 때 이미 상처를 많이 입었어요. 게다가 네흘류도프의 고모가 묻지도 따지지도 않고 자신을 내쫓았을 때 더욱 그랬겠죠. 원망과 분노가 그녀를 감싼 거죠. 그래서 삶을 포기했기도 하고요. 그런데 시간이 지나 갑자기 네흘류도프가 그때의 일을 사과한다고 하면서 자신을 사랑한다. 뭐 이러는데, 이게 하루아침에 '그냥 알았다. 용서할게, 나도 다시 사랑해' 이렇게 될 수가 없잖아요?

Q : 그렇죠. 사람의 마음이라는 것이 무 자르듯 그렇게 간단히 정리되는 것이 아니죠. 시간이 필요하고 정리가 필요하죠.

A : 바로 그것입니다. 말처럼 하루아침, 단번에 되는 것이 아니거든요. 그리고 카투사는 이미 상처를 입을 만큼 입었어요. 지금 와서 카투사가 네흘류도프의 마음과 사랑을 받아들이기는 쉽지 않아요. 진통이 있는 거죠. 카투사는 네흘류도프의 갑작스러운 사랑, 자신을 향한 구명 활동 등에 대해서 회의적이에요. 당연하죠. 자존심

문제도 있지요. 그런데 또 달리 생각해 보면, 하나님의 사랑에 대한 우리 인간의 반응이기도 해요. 나를 조건 없이 사랑하신다고? 나를 무조건 용서해 주신다고? 내가 어떤 죄를 지었든지, 내가 어떤 존재인지 상관없이 용서해 주시고 받아주신다고? 이런 것이 잘 이해되지 않긴 해요. 그래서 필립 얀시는 자신의 책 『놀라운 하나님의 은혜』에서 하나님의 사랑, 하나님의 은혜는 우리의 본성에 위배되는, 우리의 본성이 이해하지 못하는 것이기에 받아들이기 힘들다고 표현했어요. 진통이 필요한 것이죠.

Q : 네 맞습니다. 다시 책으로 돌아와 내용을 이어가 볼까요?

A : 책 중반부는 카투사의 재판과 감옥생활을 중점으로 다룹니다. 네흘류도프는 카투사의 재판 과정에서 상당한 오해와 편견을 경험합니다.

Q : 오해와 편견이라면 어떤 것일까요? 이를테면 재판부가 제대로 조사도 하지 않은 채 판결을 내린다는 것일까요?

A : 네흘류도프는 카투사의 무죄를 증명하기 위해 여러모로 애쓰고 또 변호사도 선임합니다. 하지만 당시 법률 체계의 한계에 직면하게 됩니다. 책의 한 구절을 읽어 볼게요.

"하지만 그렇게 법률을 적용할 수도 있고 적용하지 않을 수도 있듯이 검사나 판사에 의해서 모든 일들이 좌우된다면 재판 따위는 조금도 소용없지 않습니까?"(p30. 19~21줄)

네플류도프가 변호사와 대화하면서 화를 내며 한 말이에요. 실제로 의뢰인의 재정 상태나 신분에 따라 재판부가 법률을 차별적으로 적용하고 판결 내리는 현상에 대해서 네흘류도프는 절망하게 되지요.

Q : 19세기 말 러시아나 현대의 우리나라나 별 차이가 없는 것 같네요. '유전무죄 무전유죄'라는 말이 있잖아요. 돈과 권력이 있는 사람들은 죄를 지어도 가벼운 판결을 받고 또 곧바로 사면을 받는 데, 돈 없는 자들은 가벼운 죄에도 중형이 내려지는 현실이 있는데 네흘류도프도 그런 것 때문에 절망하고 있군요.

A : 그렇죠. 그때나 지금이나, 러시아나 우리나라나 법률이 차등적으로 적용되고 판결이 공정하지 못하다는 것이 참으로 아이러니죠. 최근 대한민국의 사법부를 보더라도 정치적 입장이 다르면 판결이 엄청나게 다른 것을 볼 수 있어요. 네흘류도프가 느낀 절망이지요. 물론 네흘류도프의 노력에도 불구하고 카투사는 중형을 받고 감옥으로 가게 됩니다. 네흘류도프는 감옥까지 따라가요. 감옥 근처에 방을 구해 살면서 면회도 하면서 카투사뿐만 아니라 억울하게 감옥에 갇힌 수많은 사람이 있다는 사실에 직면하게 됩니다.

Q : 시작은 카투사로 했지만, 점차 사회 전반에 펼쳐진 문제 등을 네흘류도프 백작이 깨달아 가는 과정이라고 봐야겠네요?

A : 그렇습니다. 또한 이것은 네흘류도프라는 주인공을 내세우지만 실상 톨스토이가 당대 러시아의 사회 문제를 알아가는 과정이고 톨스토이의 고민을 담은 것이 이 소설인 것이죠.

그는 마슬로바의 서명을 받기 위해 변호사가 써 준 황제에게 보내는 청원서를 주머니에 넣어서 갔으나 별로 기대하지는 않았다. 또 이상하게도 네흘류도프는 그것을 원하지도 않았다 … 그는 미국에 노예 제도가 존재하던 무렵 미국 작가 쏘로우가, 이 제도가 합법화되고 정당화된 국가에서 선량한 시민들의 유일한 안식처는 오직 감옥뿐이라고 했던 말을 상기했다. '옳은 말이다. 오늘날 러시아의 선량한 시민이 쉴 수 있는 유일한 곳은 교도소뿐이다.'하고 그는 생각했다. 그가 탄 마차가 교도소 구내로 가까이 다가감에 따라 그는 더욱 이 말을 실감했다.(p141. 15~18, 21줄 , p142. 8줄)

Q : 선량한 시민들의 유일한 안식처는 감옥뿐이다. 무슨 말인지 잘 이해가 안 되거든요? 설명해 주시면요?

A : 미국의 유명한 사상가 헨리 데이빗 쏘로우가 했던 말이에요. 하버드를 졸업하고 미국 메사추세추 주의 월든 호숫가에 살았던 사상가였는데요. 1849년에 멕시코 전쟁을 위한 인두세를 내지 않았다는 이유로 감옥에 갇힌 적이 있어요. 쏘로우는 이 전쟁은 부당한 것이라 여겼고, 부당한 전쟁을 위한 세금은 낼 수 없다는 이유로 감옥에 갇혔죠. 이때 그가 쓴 유명한 말이에요. '부당한 정부 아래에서 의로운 자가 있을 곳은 감옥뿐'이라고. 이른바 그 유명한 시민불복종 이론이지요. 중요한 것은 이런 쏘로우의 사상을 톨스토이가 알고 동의하고 자신의 삶에 적용했다는 점이지요.

Q : 톨스토이는 러시아 사람이었지만 전 세계적 사상가들의 생각과 이념, 철학 등에 관심이 많았네요? 그래서 대 작가가 되었던 것 같아요.

A : 그렇습니다. 톨스토이는 당대 사상가들의 영향을 많이 받았고 또 자신도 영향을 주었죠. 마지막에 말씀드리려 했는데 말이 나온 김에 한 가지 더 말씀드리면, 이 소설의 마지막 후반부의 주요 내용은 네흘류도프가 자기 땅을 소작농들에게 나눠주고 공동체 생활을 하는 것이에요. 그런데 이런 생각을 하게 된 것은 동시대의 미국 사상가였던 헨리 조지의 영향을 많이 받았기 때문이에요. 헨리 조지는 『진보와 빈곤』이라는 유명한 책을 쓴 사상가예요. 톨스토이는 그 책을 정말 좋아하고 사랑했다고 해요. 헨리 조지는 자신의 책에서 사회의 부가 증가하고 사회가 엄청나게 진보해 가는데 왜 가난한 사람들은 더 증가하느냐는 문제를 직시했어요. 그리고 그 이유 중 가장 큰 것이 땅을 가진 자들이 세금을 과도하게 매기기 때문임을 알게 되었어요. 그래서 그 문제를 심각하게 다루었죠.

Q : 톨스토이가 헨리 조지의 영향을 받았다는 말씀이군요. 그리고 이 책 『부활』에서 그런 내용이 다 포함되어 있고요?

A : 한 구절 읽어볼게요.

그는 주변의 자작나무 가로수 길을 왔다 갔다 거닐면서 생각했다. '학계나 정부 기관, 혹은 신문 등에서 농민들이 빈곤한 이유와 그들의 처지를 향상하기 위한 방법에 대해서 많은 논의를 벌이고 있다. 그러나 농민들의 생활 수준을 높이기 위한 가장 바람직한 수

단은 절대적으로 요구되는 토지를 빼앗지 않는 일 외에는 아무것도 없다.' 그는 새삼 자기가 심취했던 헨리 조지의 근본 사상과 그때의 자신을 생각해 냈다 … 이제서야 그는 쿠즈민스크에서 자신이 행한 토지 처리 문제를 생각할 때 왜 부끄러움을 느꼈는지 깨달았다. 그는 자기 자신을 속였다. 인간에게 토지에 관한 권리가 주어져 있지 않다는 것을 알면서도 그는 자신에 대해서는 그 권리를 인정하고 땅의 일부분을 농민들에게 나누어주었다.(p388. 20줄~p389. 12줄)

이런 부분을 보면 『부활』은 단순한 소설이 아니죠? 톨스토이의 모든 사상과 삶이 함축된 자전적 소설이라고 할 수 있어요.

Q : 『부활』이라는 소설이 이렇게 다양한 사상가의 생각이 들어 있다는 것도 놀랍지만, 톨스토이가 그런 사상가들의 생각을 직접 실천했다는 것이 더욱 놀라워요. 그런 면에서 이 책은 단순한 소설이 아니라 감동 그 자체이자 명작이네요.

A : 그렇습니다. 톨스토이의 전 인생이 녹아 있는 한 편의 설교지요. 톨스토이는 이 책을 통해 인간의 기본 조건, 즉 인권에 대해서도 논하는데요.

'이런 일은 모두 ….' 네흘류도프는 다시 생각을 되풀이했다. '지사라든가, 교도소장, 파출소장, 순경 등이 인간을 대할 때 진실로 인간적인 태도로 대하지 않아도 된다고 믿기 때문에 벌어진 일일 것이다 … 이같이 찌는 듯한 더위에 이처럼 많은 사람을 한꺼번에 보낼 수 있는지 심사숙고했을 것이며, 호송 중 숨이 찬다든가 더위에 못 견디는 사람들이 생기면 행진을 멈추고 잠시 나무 그늘로 가 물을 마시고 휴식을 취하게 했을 것이다. 그러나 그들은 처음부터 아예 그러지 않았다. 왜냐하면 그들은 인간이라든가 인간에 대한 의무를 생각지 못하고 오로지 자신의 직무와 의무만을 중요시하여 이를 다른 사람들의 어떤 요구보다도 제1의 조건으로 다뤘기 때문이다. 모든 문제가 바로 여기에 있다.' 네흘류도프는 이렇게 생각했다.(p216. 10~13, 14~21줄)

카투사를 포함한 죄인들의 호송차를 따라가던 중 네흘류도프는 기본적인 인간적 요구조차 주어지지 않아서 호송 중 목숨을 잃는 사람들을 발견했어요. 네흘류도프는 담당자들에게 항의해 보지만 끄떡도 하지 않았죠. 인간에 대한 존중보다는 자기 일을 처리해야 한다는 의무감만 있는 그들을 보면서 인간성 실종을 고발하죠.

Q : 톨스토이는 어떤 의미에서 진정한 휴머니스트라고 해야겠네요. 단순한 사상가가 아니라 인간 자체를 사랑하고 그것을 위해 애썼던 사람이라고 보아야 할 것 같아요.

A : 이 책 『부활』 마지막 장면에 가면 드디어 네흘류도프는 산상설교를 깊이 묵상합니다. 톨스토이는 이렇게 적고 있어요.

그는 산상 설교를 읽는 동안 그것이 실현 불가능하고 허황한 요구를 하는 그저 아름답고 추상적인 사상이 아니라 실제로 아주 명백하고 얼마든지 행할 수 있는 계율임을 오늘에야 처음 알았다. 그것을 지켜나갈 수만 있다면 인간 사회는 전혀 새로운 질서를 갖게 되고 네흘류도프를 분노케 하던 온갖 폭행도 자연 사라지며 인류가 획득할 수 있는 최고의 행복, 지상 천국을 누릴 수 있는 것이다.(p376. 20줄~p377. 4줄)

톨스토이의 생각이죠. 산상설교를 실천하는 삶을 같이한다면 그곳이 바로 천국 공동체라고 결론을 내립니다.

Q : 톨스토이가 정말 신실한 그리스도인이었다는 것을 새삼 알게 되네요. 또 그 작품 속에 자신의 이런 사상과 삶을 녹여 냈네요.

A : 소설의 마지막 문단을 읽어 드릴게요.

'그렇다. 이것이 내 일생의 과업이다. 한 가지 일을 끝냈다는 줄 알았는데 또 다른 과업이 나를 기다리고 있었구나.' 그날 밤부터 네흘류도프의 생활은 새로워졌다. 물론 새로운 환경 속에서 생활하기 때문이기도 했으나 그보다는 그에게 일어난 모든 일이 전과는 전혀 다른 새로운 의미를 가졌기 때문이었다. 그의 삶의 새로운 장이 그의 일생을 어떻게 끝맺어 줄는지는 미래만이 보여줄 것이다.(p379. 13~19줄)

카투사라는 한 여인의 구제 과업에서 인류 자체를 사랑하는 과업으로 도약하는 장면이에요. 이 땅에 하나님의 나라를 이루면서 살아가게 되는 네흘류도프 톨스토이 그리고 저와 여러분 되었으면 좋겠습니다.

대한민국은 민주공화국이다

순이삼촌

현기영 ‖ 창비 ‖ 2022년

Q : 목사님, 이번에는 제주도에 관련된 책을 준비하셨다고요?

A : 맞습니다. 제주도에 소설가나 작가가 많이 계시지만 아마 이분을 빼놓고는 말할 수 없을 거예요. 현기영 선생님의 대표작 몇 편을 앞으로 소개하려고 합니다. 현기영 선생님은 1941년 제주에서 태어나셨고, 서울대 영어교육과를 졸업하고 교사를 하셨어요. 그러던 중 1975년에 동아일보 신춘 문예에 단편 『아버지』가 당선되어 작품 활동을 하셨어요. 선생님은 중단편집을 많이 쓰셨는데 『순이 삼촌』, 『아스팔트』, 『마지막 테우리』 등을 내셨고, 장편으로 『변방에 우짖는 새』와 작년에 출간된 『제주도우다』가 있습니다..

Q : 그렇죠. 제주도민이라면 당연히 현기영 선생님의 작품 하나 정도는 읽고, 소장하고 계실 거예요. 그러면 오늘 첫 번째로 어떤 책을 소개해

주시나요?

A : 가장 유명하고 또 현기영 선생님의 이름을 알린 책이라 할 수 있는 『순이 삼촌』입니다. 아~ 우선 여기서 제목을 설명해 드리면, 제주에서 삼촌은 아버지의 동생을 말하는 것이 아니에요. 제주에서는 가까운 친척 중 나보다 연장자는 다 삼촌이라고 해요. 남자와 여자 상관없이요. 그래서 제목에 이름은 '순이', 즉 여자인데 '삼촌'이라고 붙은 것을 이상하게 여기실 필요 없어요. 일반적으로 말하자면 '순이 아주머니' 정도로 이해하시면 될 것 같아요.

Q : 제주도에서는 나보다 연장자 동네 어르신들을 남녀 구분 없이 삼촌이라고 하니 식당 같은 데 가서 '삼촌'이라고 부르면 됩니다. 육지에서 '이모' 하듯이요.

A : 저도 지난번 집 옆에서 삼촌들이 귤을 따고 계시길래, "삼촌 귤 맛있나요?" 했더니 한 봉지 그냥 주시더라고요. 덕분에 잘 먹었죠.

Q : 우스갯소리로 제주도 살면서 귤을 사 먹는 사람은 인간관계에 실패했다고 해요. 귤은 얻어먹는 것이다. 그러죠. 자, 그럼 순이 삼촌 내용으로 들어가 볼까요?

A : 네, 『순이 삼촌』은 현기영 선생님의 첫 번째 단편집인데요, 『순이 삼촌』 외에도 『소드방놀이』, 『도령마루의 까마귀』, 『해룡 이야기』, 『아

내와 개오동』 등의 단편 10편이 실려 있어요. 그중 하나가 『순이 삼촌』입니다. 극 중 화자인 나, 즉 주인공이 제주공항에 내리는 장면으로 소설은 시작합니다. 30대의 후반인 나는 서울에서 직장생활을 하고, 아버지는 일본에 삽니다. 해마다 할아버지 제삿날이 되면 큰아버지의 독촉이 이어졌어요. 왜 제사에 참석하지 않냐고. 회사 일이 바빠서라고 핑계 대지만, 사실 주인공 나는 고향인 제주에 오기 싫었어요.

내게 고향이란 무엇이었나. 나에게 깊은 우울증과 찌든 가난밖에 남겨준 것이 없는 곳이었다. 관광지니 어쩌니 하지만 그것도 지역 나름이어서 나의 향리인 서촌은 이렇다 할 관광자원도 없고 하늬바람이 몰아쳐 귤 농사도 안되는 한촌이었다. 적어도 내 상상 속에서 나의 향리는 예나 이제나 죽은 마을이었다. 말하자면 삼십 년 전 군 소개 작전에 따라 소각된 잿더미 모습 그대로 머리에 떠오르는 것이었다.(p43. 16~20줄)

Q : 그러니까 주인공 나는 고향 제주도가 상처뿐인 곳이었군요. 가난하고 힘들었던 곳이어서 떠난 곳이고요.

A : 그렇죠. 현기영 선생님이 『순이 삼촌』을 1978년에 발표했으니까, 그 시점에서 이 책을 이해해야 하겠죠. 당시의 제주도는 겨우 관광업이 일어나던 곳이었고, 지금처럼 발전된 곳이 아니었던 거죠. 그리고 첫 장에서 밝히고 있듯 삼십 년 전 군 소개령으로 쑥대밭이 되었던 곳이기도 하고요. 1978년에서 30년 전이면 1948년이고, 그때 군 소개령이 있었다는 것이죠. 그게 이 소설의 복선이기도 하고요.

Q : 1948년에 있었던 사건이라, 그 사건 때문에 일어난 어떤 일이 이 소설의 핵심 내용이라는 거죠?

A : 그렇습니다. 조금 더 소설 이야기를 전개해 볼게요. 주인공이 휴가를 내어 제주공항에 도착하고, 이어 고향 마을 큰 아버지 댁에 도착해서 제사를 드리려 하고 있어요. 그러다 문득 주인공 나는 이렇게 묻습니다.

"형, 순이 삼촌이 통 안 보염싱게 무슨 일이 이서?" 순간 방안에는 정적이 흘렀고 잠시 후 큰 아버지가 대답하는데요. "겨를 없어 너한테는 못 알렸져마는 그 삼촌은 며칠 전에 죽어부러시네." "아니 그게 무슨 말씀이우꽈? 순이 삼촌이 돌아가셔서 마씸?"

(p47. 20줄~p47. 5~7줄)

주인공이 놀란 것은 그 순이 삼촌이 불과 두 달 전까지 서울 자기 집에서 같이 살았기 때문인데요. 맞벌이 부부인지라 순이 삼촌이 서울에 올라와 아이들을 봐주고 밥도 챙겨주다 두 달 전쯤에 내려갔는데 갑자기 돌아가셨다고 하니까 놀란 것이에요.

Q : 주인공이 많이 놀랐겠네요. 더군다나 자기 집에서 같이 살았다면 더욱. 순이 삼촌이 무슨 지병이 있었던 것인가요?

A : 그건 아니고, 일주도로에서 한 참 떨어진 옴팡진 밭에서 꿩 잡을 때 쓰는 독약을 먹고 스스로 목숨을 끊었어요. 하필 눈이 많이 내려서 그만 사체가 덮이는 바람에 사람들이 발견도 못 하고 이십

여 일 지난 다음에 발견되었어요. 나이 쉰여섯에 그만 스스로 목숨을 끊고 만 것이죠. 화자인 나는 혹시 그것이 자기 때문인가 해서 걱정이 앞섰어요. 왜냐하면 불과 2개월 전까지 자기 집에서 1년 동안 같이 살았고 그러다 고향으로 다시 내려온 것이니까요. 그리고 아내와 삼촌 간의 이런저런 오해도 많았어요.

아내는 순이 삼촌이 쌀이 다 떨어져서 사와야 한다는 말에 "쌀이 벌써 떨어졌어요?" 라고 예사로 말을 던졌을 뿐이란다. 알았다는 뜻에서 "아, 그래요?" 하듯이 가볍게 한 말을, 서울말의 억양에 익숙지 못해서 그랬던지 "쌀이 벌써 다 떨어질 리가 있나요?" 하는 반문으로 잘못 이해했다는 것이다. 그래서 삼촌은 "내가 너무 밥을 많이 먹어서 쌀이 일찍 떨어진 줄 아느냐, 도둑년처럼 내가 쌀을 몰래 내다 팔았다는 말이냐" 하면서 우는 것이었다.(p55. 3~9줄)

Q : 아, 고부간 갈등도 아니고, 친척 삼촌과 아내 간의 크고 작은 갈등들이 있었으니 그것 때문에 삼촌이 스스로 목숨을 끊은 것이라고 주인공이 생각했을 수도 있겠네요. 마음이 아주 무거울 것 같아요.

A : 그렇습니다. 그러다 이제 소설은 본격적으로 순이 삼촌의 이야기로 넘어갑니다. 순이 삼촌이 왜 그렇게 사소한 일에 화들짝 놀라는 지, 왜 먹는 것에 그리 집착하는 지, 그냥 별것도 아닌 일에 왜 그리 신경질적으로 반응하는 지 그런 이야기들이 전개되지요. 그러다 순이 삼촌의 사위 장 씨가 한 말로 조금씩 이해하기 시작하고요. 장 씨의 말에 의하면 순이 삼촌은 1949년에 있었던 마을 소각 때 깊은 정신적 상처를 입어 불에 놀란 사람 부지깽이만 봐도 놀란

다는 격으로 군인이나 순경을 먼빛으로만 봐도 질겁하고 지레 피하던 신경 증세가 진작부터 있어 왔다는 것이에요.

Q : 이제 소설은 현재에서 삼십 년 전인 1949년도의 일로 가겠네요? 그때 무슨 일이 있었기에 순이 삼촌이 이렇게 평생 신경 쇠약으로 살아야 했을까요?

A : 1949년 1월 17일. 소설에서는 음력으로 섣달 열여드렛날이라 표현해요.

아, 한날한시에 이집 저집에서 터져 나오던 곡소리, 음력 섣달 열여드렛날, 낮에는 이곳 저곳에서 추렴 돼지가 멱구슬 나무에 목매달려 죽는소리에 온 마을이 시끌짝했고 오백위 가까운 귀신들이 밥 먹으러 강신하는 한밤중이면 슬픈 곡성이 터졌다 … 우리는 한밤중의 그 지긋지긋한 곡소리가 딱 질색이었다. 자정 넘어 제사 시간을 기다리며 듣던 소각 당시의 그 비참한 이야기도 싫었다. 하도 들어서 귀에 못이 박힌 이야기, 왜 어른들은 아직 아이인 우리에게 그런 끔찍한 이야기를 되풀이해서 들려주었을까?

(p60. 16줄~p61. 4줄)

전 이 부분이 소설에서 아주 인상적이면서 슬픈 내용으로 다가왔어요. 한날한시에 온 동네가 제사를 드렸다는 대목이에요. 그날 동네 사람 상당수가 죽었기 때문에 제삿날이 집마다 같은 날이라는 뜻인데요. 주인공이 자란 이 마을의 끔찍하고 슬픈 이야기 그리고 그 사건으로 인해 평생 신경쇠약으로 살아가야 했던 순이 삼촌의 사연이 소설의 주요 내용인 거죠.

1949년 1월 7일, 당시 토벌대인 국군 제2연대가 북촌리 마을 사람들을 학교 교정에 모아 놓고 학살을 저지른 날이에요. 군인과 경찰 가족은 열외로 하고 난 뒤 그냥 사격해서 약 300여 명이 죽은 날이거든요. 50여 명은 옴팡밭에서 죽임당하고, 40여 명은 모래밭에서 죽임당하고, 순이 삼촌은 옴팡밭에서 쓰러져 있었는데 다행히도 총알이 빗겨나가 살아남은 것이죠.

Q : 이른바 우리가 4.3 사건이라고 하는 것의 일부잖아요. 군과 경찰이 민간인에 대하여 발포를 한 것인데 참으로 안타까운 사건이에요.

A : 제가 작년에 장인어른 팔순 기념 회고록을 썼는데요. 장인께서는 경남 산청에서 태어나 자라셨는데 일곱 살 때 6.25 전쟁이 터졌고 그때 비슷한 사건을 겪으셨어요. 한밤중에 영문도 모른 채 마을 모든 사람을 학교에 모았다고 해요. 그러고는 똑같이 군인, 경찰 가족은 나오라 하고 남아 있는 사람들은 이유도 모른 채 총살당했다고 해요. 아버님은 할머니가 거짓말로 둘러대고(남편이 군에 갔다고 하고) 손잡고 나와서 겨우 살아남으셨다고 해요. 이른바 1951년 2월 7일에 있었던 산청 양민 학살 사건입니다.

Q : 그 시대는 정말 그런 일이 많이 있었던 것 같아요. 이념 전쟁이 치열했고, 남북이 갈라진 정치적 혼란기에 적대심들도 많았고요. 어쨌든 순이 삼촌은 옴팡밭에서 기적적으로 살아남은 것이네요.

A : 그렇죠. 그러나 말이 살아남은 것이지 그 충격이 어디 가겠어요. 그러니 평생 그 트라우마를 안고 사셨던 것이죠. 현기영 선생님이 묘사한 한 부분을 읽어 볼게요. 저는 이 부분을 읽다가 오열할 뻔 했어요.

"그 밭이서 죽은 사람들이 몽창몽창 썩어 거름 되연 이듬해엔 감저(고구마) 농사는 참 잘 되어서. 감저가 목침 덩어리만씩 큼직큼직 해시니까." "그해 숭년이라 보릿겨 범벅 먹던 때랐지만 그 아지망네 밭에서 난 감저는 사름 죽은 밭엣거라고 사름들이 사 먹지 안했쥬." "그 아지망이 필경엔 바로 그 밭이서 죽고 말아시니, 쯧쯧." 어른들의 이런 이야기를 들으며 나는 야릇한 착각에 사로잡혔다. 순이 삼촌은 한 달 보름 전에 죽은 게 아니라 이미 삼십 년 전 그날 그 밭에서 죽은 게 아닐까 하고.(p62, 10~16줄)

Q : 아~ 그 밭에 사람 사체가 썩어서 고구마가 크게 자랐다는 말이 정말 가슴 아프네요. 그 말은 제대로 장례도 치르지 못하고 그 밭에 그냥 묻혔다는 것이잖아요.

A : 그렇죠. 마을 사람들 절반 이상이 몰살당하고 게다가 어떤 집은 가족 전체가 죽임당했고, 마을도 불에 타서 전소되었으니 살아남은 자도 경황이 없었던 것이죠. 살아남은 자들도 일단 불에 타다 남은 집이라도 있으면, 방 한 칸이라도 남아 있으면 거기 살아야 했고 또 토벌대의 눈치를 봐야 하니까 함부로 장례를 치러 줄 수도 없었던 거죠. 게다가 젊은이들은 소위 빨갱이로 몰려 숨어 지냈으니 일손도 없었고요.

그 무렵 젊은 축들은 공연히 도피자로 몰려 낮에는 마을에서 사오리 한라산 쪽으로 올라간 큰 냇가 자연 동굴에 숨어 있다가 밤에나 내려오는 박쥐 생활을 계속하고 있었다.

(p63. 21~23줄)

Q : 그런데 목사님 궁금한 것이 있는데 당시 4.3 사건의 연장선상에 이런 일들이 일어난 것이잖아요. 소위 반란군 혹은 산군이라는 사람들이 얼마나 되었길래 이런 토벌 작전들이 일어난 것일까요?

A : 4.3 위원회가 조사하고 발표한 바에 의하면 공식적으로 산군은 약 350명 정도였고요. 나머지 사람들은 실제로 영문도 모른 채 희생당한 사람들이라 봐야죠. 북촌리 사건도 그 일환에 있고요. 결국 1948년 11월 17일 내린 계엄령이 문제가 되었는데 해안선 5km 내로 내려오지 않으면 모두 산군, 반란군으로 간주하겠다는 것이었죠. 그래서 중산간 지역에 살던 사람들도 터전을 떠나 해안가 마을로 내려왔고, 소식을 듣지 못하고 남아 있던 사람들은 끔찍한 희생을 당한 것이고요.

Q : 이념이라는 것, 광기라는 것이 얼마나 무서운 것인가를 알 수 있는 사건들이었던 것 같아요. 다시 책 이야기로 가서, 그렇다면 순이 삼촌도 그 생지옥에서 겨우 살아남았고, 주인공인 나도 살아남은 것이잖아요.

A : 맞습니다. 주인공인 화자는 당시 7살 어린아이였던 거죠.

군인들이 이렇게 돼지 몰 듯 사람들을 몰고 우리 시야 밖으로 사라지고 나면 얼마 없어 일제사격 총소리가 콩 볶듯이 일어나곤 했다. 통곡 소리가 천지를 진동했다. 할머니도, 큰 아버지도, 길수형도 나도 울었다. 우익 인사 가족들도 넋 놓고 엉엉 울고 있었다. 우는 것은 사람만이 아니었다. 마을에서 외양간에 매인 채 불에 타 죽는 소 울음소리와 말 울음소리도 처절하게 들려왔다. 중 낮부터 시작된 이런 아수라장은 저물녘까지 지긋지긋하게 계속되었다.(p71. 18~23줄)

저는 이 장면에서도 그날의 참상이 느껴졌는데요. 사람만 고통당한 것이 아니라 짐승들도 때론 총에 맞아 죽고, 때론 불에 타 죽는 일들이 일어났다는 것이죠. 참으로 끔찍한 재앙이었던 거죠. 로마서 말씀처럼 사람 때문에 피조물이 신음하는 것이죠.

Q : 그런데 아무리 생각해도 이해가 안 되는 것이 좀 전에 말씀하셨듯이 당시 남로당 사람들은 기껏 350명에 불과했다면서요. 찬찬히 조사하고 검거하면 가능했을 터인데 왜 무작정 토벌 작전을 감행했을까요?

A : 소설에서 묘사한 한 대목을 읽어 볼게요.

마치 마을을 떠나 있어서 화를 면했던 남정네들이 군경을 피해 다녔으니까 도피자가 틀림없겠지만 그들도 공비는 아니었다. 사실 그들은 문자 그대로, 공비에게도 쫓기고 군경에게도 쫓겨 할 수 없이 이리저리 피해 도망 다니는 도피자일 따름이었다. 그런데도 군경 측에서는 왜 도피자를 공비와 동일시했던가? 아마 그건 한때 무식한 부락민들이 저지른 섣부른 과오 때문이었나보다. 5.10 선거 때 부락 출신 몇몇 공산주의 골수분자의 선동에 부화뇌동하여 선거를 거부한 사건이 화근이 된 것이었다. 그것이 두고두고 군경 측에 부락을 적색시하는 빌미가 될 줄이야.(p74. 18줄~p75. 4줄)

그러니까 남한 단독 선거 수립을 위한 1948년 5월 10일 선거를 보이콧 한 사건 때문에 온 부락민이 빨갱이, 공비로 오해받았던 것이지요.

Q : 결국 이념이 뭔지도 잘 몰랐던 일반인들이 이리 치이고 저리 치이고 무고한 희생을 당했던 것 같아요.

A : 네. 책 내용을 계속 읽어 볼게요.

밤에는 부락 출신 공비들이 나타나 입산하지 않는 자는 반동이라고 대창으로 찔러 죽이고, 낮에는 함덕리의 순경들이 스리쿼터를 타고 와 도피자 검속을 하니, 결국 마을 남정들은 낮이나 밤이나 숨어 지낼 수밖에 없는 처지였다. 순경들이 도피자라고 찾던 폐병쟁이 종철이 형은 공비가 습격해 온 밤에 궤 뒤에 숨어 있다가 기침을 몹시 하는 바람에 발각되어 대창에 찔려 죽었다.(p75. 10~17줄)

낮에는 군경에게 붙들려 고문당하고, 밤에는 산군에 시달리고 죽기도 했으니 결국 무고한 희생자가 많았던 것이었죠.

Q : 저도 이 소설 읽으면서 그 부분이 정말 가슴 아팠어요. 무고한 민간인들이 이쪽에서도 당하고 저쪽에서 당하니까 말이에요. 또 하나, 저는 귀신 잡는 해병대라는 명성이 나온 배경을 알고 참 안타까웠어요.

A : 그죠? 당시 산으로 도피해 있던 청년 중 상당수가 소위 선무공작이라는 것으로 인해 귀순했는데 마침 6.25 전쟁이 터졌던 거죠. 섬 청년들은 빨갱이라는 누명을 벗기 위해 너도나도 해병대에 입대

했어요. 그러고는 자신들의 충성을 입증하기 위해 미친 듯 싸웠던 것이고, 그 활약으로 인해 '귀신 잡는 해병'이라는 명성을 얻게 된 것이죠. 인천상륙작전에 가담했던 해병대의 대부분이 제주도 청년들이었다는 거죠.

섬 청년들이 6.25 동란 때 보인 전사에 빛나는 그 용맹은 한때 군경 측에서 섬 주민이라면 무조건 좌익시해서 때려잡던 단세포적인 사고방식이 얼마나 큰 오류를 저질렀냐를 반증하는 것이 된다.(p83. 20~23줄)

Q : 이토록 깊은 원한, 상처, 원망 같은 것들이 적대감으로 드러난 것이었군요.

A : 순이 삼촌은 그날의 그 상처를 평생 안고 살았던 것이고요.

그 옴팡밭에 붙박인 인고의 삼십 년, 삼십 년이라면 그럭저럭 잊고 지낼 만한 세월이건만 순이 삼촌은 그러지를 못했다. 흰 뼈와 총알이 출토되는 그 옴팡밭에 발이 묶여 도무지 벗어날 수가 없었다 … 그 죽음은 한 달 전의 죽음이 아니라 이미 삼십 년 전 그 옴팡밭에서 구식 총구에서 나간 총알이 삼십 년의 우여곡절 한 유예를 보내고 오늘에야 당신의 가슴 한복판을 꿰뚫었을 뿐이었다.(p94. 6~10줄)

Q : 현기영 선생님의 대표작 『순이 삼촌』을 살펴보았는데요. 소설가가 이 소설을 쓴 이유 그리고 목사님께서 이 소설을 소개해 주시는 이유가 있을 텐데 어떤 것일까요?

A : 두 가지로 보면 될 것 같아요. 우선 과거에 대한 진실한 반성 혹

은 사과이고요. 그다음에는 치유와 화해죠. 달리 말하면 진정한 치유와 화해는 진심 어린 사과에서 시작되는 것이거든요. 일제 치하 때 위안부로 끌려갔던 분들, 그분들이 바라는 것도 한 가지잖아요. 일본 정부의 진정성 있는 사과, 그게 왜 그리 안 될까요? 남아공에서 대통령으로 선출된 넬슨 만델라 전 대통령이 처음 실시한 것도 [진실과 화해 위원회]였어요. 과거의 만행에 대한 진실을 밝히고 사과하고 이어서 화해를 한 것이지요. 우리도 그랬으면 좋겠습니다.

난주

김소윤 || 은행나무 || 2018년

A : 이름 맞습니다. 정난주인데요. 시대적 배경을 좀 설명해야 할 것 같아요. 조선 시대 정조가 승하한 후 어린 순조가 등극했을 때 정순왕후가 소위 수렴청정을 했습니다. 정순왕후는 영조의 계비로 정조 때 왕대비가 되었고, 8살 순조가 왕위에 올랐을 때 대왕대비가 되죠. 정순왕후는 노론 벽파의 수장이었기에 정조의 측근들을 제거하고 남인들을 축출하기 시작했죠. 이 와중에 소위 황사영 백서 사건이 발생하고 이것을 빌미로 정순왕후와 노론들이 정약용 일가를 비롯한 남인들을 척결했는데 그것이 1801년 신유사옥입니다.

Q : 그럼 주인공 정난주는 이 역사적 사건에 연루된 인물인가 봅니다?

A : 그렇습니다. 정난주의 남편이 황사영이거든요. 황사영은 정약현의 사위였고. 정씨 일가는 정약현, 정약전, 정약용, 정약종이었는데

당시 개혁파였죠. 황사영이 제천 배론 골짜기에 숨어 지내던 중 중국에 있는 천주교당에 비밀 편지를 썼는데 내용은 로마의 교황청에 알려서 조선의 신자들을 지켜달라는 것이었죠. 이 편지가 발각되어 황사영은 반역죄로 죽임당했고, 정씨 일가도 연루되었다고 국문을 받았습니다. 정약전은 흑산도로 유배되고, 정약용은 강진으로 유배되고, 정약종은 참수형을 당했습니다. 황사영의 아내인 정난주는 남편이 대역죄인이었기에 역시 관노로 제주도 대정읍에 유배를 당하게 되었지요.

Q : 아 그런 사연이 있었군요. 노비가 된 이유가 천주교 신앙 때문이었던 것이죠?

A : 그렇습니다. 소설에 나오는 당시 기록을 읽어 드릴게요.

죄인 정난주는 더럽고 탐욕스러운 사학에 심취하여 임금께 씻을 수 없는 불충을 범하고 제사를 폐하는 무부무군한 패륜을 저질렀다. 죽은 자의 나라가 되살아난다는 요언을 일삼고 나라의 질서를 어지럽혔으며 … 나라를 파는 데 앞장선 대역죄인 황사영의 처로 백성을 현혹한 죄가 죽어 마땅하나 … 어리석은 죄를 낱낱이 자복하고 다시는 미혹되지 않을 것을 서약하니 … 하늘과 같은 은혜로 죄를 감하여 오늘부로 제주목의 관비로 명하노라.(p13, 2~8줄)

하루아침에 양반 규수였던 정난주는 관노가 되어 제주목으로 와야 했었습니다.

Q : 그 충격이 만만치 않았겠어요. 생각지도 못했던 일이 일어났고, 관

노가 되어 한양에서 제주도로 유배됐으니까요. 그 심정은 헤아릴 수도 없을 듯해요.

A : 본인이 제주도로 유배된 것만 해도 하늘이 무너질 심정인데 갓 돌 지난 아들 또한 관노가 되어야 할 운명이었던 것이 더 마음 아픈 일이었어요. 그래서 정난주는 결심을 하게 됩니다. 한양에서 목포로 걸어 와 배를 타고 제주도로 와야 하는데 당시 배는 오늘날처럼 큰 배도 아니었기에 중간 기착지인 추자도에 머물렀다가 날씨와 바람을 보고 제주로 향했다고 해요. 추자도에 잠시 머물 때 정난주는 아기 황경한을 바닷가에 두고 올 생각을 해요. 왜냐하면 자신과 함께 가면 노비의 운명을 벗어날 길이 없기 때문이죠. 추자도에 두면 그나마 양민으로 살아갈 수 있으니까요. 마침 오씨 성을 가진 어부가 아기를 발견했고 그 아기를 거두었어요.

부부는 아이에게 새로운 이름을 주지 않았으며 성을 물리지도 않았다. 황경한이란 이름 석 자를 피로 새긴 어미에게 필시 사연이 있으리라 짐작한 탓이다. 그즈음 뭍과 제주로부터 많은 배가 들었고 죄인이나 귀양다리를 싣고 오가는 관선도 많았으니, 그것이 누구든지 간에 자식을 버리고자 한 것은 아니리라 여겼다. 하늘 아래 어느 어미가 자식을 떼어놓고 싶으랴. 부인은 한스러운 그 어미의 마음을 헤아렸고, 어느 때인가 천륜이 다시 이어지기를 기원하던 바다.(p57, 5~12줄)

Q : 정난주의 찢어질 듯한 마음이 느껴집니다. 아이를 버려두고 가야 하는 어머니의 마음이 어땠을까요? 하지만 그것이 아이에게는 더 나은 길임을 알았기에 그랬겠죠?

A : 그렇죠. 한편, 당시 제주목사 정관휘와 대정현감 이흡 또한 상당히 곤란한 지경이었는데요. 왜냐하면 비록 대역죄인으로 왔지만, 정약현의 여식이었으니까요.

죄인 일행이 대정으로 향하고 있을 때, 소식을 전해 들은 대정현감 이흡은 깊은 고민에 빠졌다. 그에게도 온 나라의 관심이 쏠려 있는 죄인을 떠맡게 된 처지는 부담스럽지 않을 수 없었다. 더구나 선대 임금의 총애를 한 몸에 받던 삼한갑족 명문가의 여식을 함부로 대할 수만도 없는 것이다 … 죽은 황사영은 사학삼흉으로 유명하였으나 그전에 이미 뛰어난 재능으로 명성을 떨쳤다. 열여섯의 나이로 진사에 급제하였을 때, 임금이 친히 마주 잡았다는 손길을 부러워하지 않은 이가 있던가.(p63. 20~25줄)

Q : 그렇죠. 아무리 죄인이라 해도 정약전, 정약용, 황사영은 정조 대왕의 최측근이었고 뛰어난 인물들이었으니까요.

A : 마침 대정현감 이흡이 고민하던 차에 대정읍 지척에 거주하던 별감 김석구가 제안합니다. 김석구 역시 정난주 집안의 내력을 알고 있었기에 정난주를 자기 집 노비로 일하게 하겠다 제안합니다. 현감도 골치 아픈 일이기에 별감의 제안을 받아들였고, 정난주는 김석구의 집으로 가게 됩니다.

난주는 그때부터 별감 댁의 유모가 되었는데, 아플 때 난주를 의지했던 상집은 물론이요, 어린 아우 상윤 또한 어미보다 정답게 따르고 좋아하여 부인 안 씨가 크게 안심했다. 또한 상집은 이미 아이 티를 벗은지라 책방을 모시고 있었는데, 김석구는 난주의 학식과 안목이 제주 땅의 스승보다 낫다 하여 아들에게 난주를 스승처럼 모시기를 당부하였다. 난주는 보말과 더불어 든든한 두 어린 상전을 살피며, 신유년 이래 처음으로 몸과

마음이 안온한 날들을 보내게 되었다.(p166, 9~15줄)

Q : 그나마 다행이네요. 호랑이굴에 잡혀가도 살아날 길이 있다더니 생각지도 못한 의인을 만난 셈이네요.

A : 맞습니다. 하지만 정난주는 다시 생각지도 못한 고난에 휘말리게 되는데, 무당 이성두, 이성두의 여자 여홍개 그리고 이방 하득인 등이 시기와 질투를 해서 정난주를 모함하게 되었고, 현감은 결국 정난주를 차귀진으로 보내게 됩니다.

살 만한 자들의 신세가 그 지경이거늘 종들의 신세가 편안할 리 없다. 웃것은 아랫것에 매정하고 아랫것은 또 그 아랫것에 냉혹하여, 남종은 개돼지나 같고 여종은 군졸들을 위안하는 창부나 다름없었으니, 차귀진에 든 노비들은 갖은 잡일과 토색질에 시달리느라 수년간 지내고 나면 폭삭 늙어빠지거나 병들어 죽었다.(p214, 25~20줄)

Q : 대정읍보다 더욱 열악한 곳으로 정난주가 가게 된 것이군요. 엎친 데 덮친 격이군요.

A : 그렇죠. 하지만 정난주는 이런 혹독한 상황 속에서도 믿음을 잃지 않습니다. 비록 삶은 비참했지만, 예전 양반집 규수로 편안하게 지내던 때에는 알 수 없었던 인간의 잔혹함 그리고 노비들의 비참한 처지를 점점 깨닫게 됩니다.

난주는 종이 되어 사는 동안 사람 위에 군림하는 자들이 얼마나 잔혹하고 이기적일 수 있는지를 보았고, 살을 직접 뜯어가지 않을 뿐 모든 것을 빼앗기고 남은 것이라곤 살아

있다는 비극적인 사실뿐임을 알았다.(p83. 20~22줄)

이 대목을 보면 예수님의 성육신 사건을 떠올리게 되는데요. 하늘 보좌를 버리고 이 땅에 내려오셨다는 것이 어떤 의미인지 생각해 볼 수 있어요.

Q: 정난주도 이런 비참한 지경을 겪으면서 점점 더 예수님을 닮은 사람으로 변화해 가는군요.

A : 맞습니다. 그전에는 이론적으로 기독교 신앙을 알았다면 노비 생활을 하면서 삶으로 기독교 신앙을 완성해 가는 것이었어요.

처음 천주의 이야기를 들려준 이는 작은 숙부 정약전이었다. 그를 비롯한 숙부 정약용, 정약종, 외숙부 이벽, 고모부 이승훈 모두는 천주교도였다 … 조선의 뛰어난 인재로 촉망받던 숙부들이 처음부터 천주교도가 된 것은 아니다. 애당초 실용적인 측면에서 서학에 접근하던 것이, 연구회를 조직하여 부단히 파고드는 과정에서 차차 신앙의 뿌리로 자라나게 되었다.(p70. 1~7줄)

그리고 이런 삶에서도 믿음을 잃지 않고 헌신적으로 섬기는 그 모습에 주변 인물도 감동을 하고 몰래 기독교 신앙을 받아들이게 됩니다.

Q : 아, 전화위복이라고 해야 하나요? 정난주라는 인물 때문에 오히려 복음이 전해지게 된 것이네요.

A : 그렇습니다. 역사적으로 제주도에 처음으로 복음을 전해 준 인

물이 정난주라고 할 수 있어요. 개인의 삶으로 보면 불행이었으나, 오히려 그녀로 인해 제주도에는 신앙이 뿌리내리고 복음이 전해질 수 있었으니 감사하고 하나님의 섭리가 참 놀랍다는 것을 깨닫게 됩니다.

Q : 네, 오늘은 정난주의 일대기를 묘사한 소설 『난주』를 살펴보았습니다. 고난을 통해 피어난 사랑과 희망, 복음의 열매를 알게 되었어요.

A : 대정읍에 가면 정난주 묘역이 조성되어 있는데 한번 가 보시길 권해요. 또 추자도 예초리에 가면 황경한의 묘역도 조성되어 있고, 황경한을 버려두고 간 곳으로 추정되는 곳에 눈물의 십자가를 세워 놓았으니까 시간 내서 가 보시면 좋을 것 같아요.

산은 높고 바다는 깊네

추사

한승원 ‖ 열림원 ‖ 2023년

Q : 오늘은 어떤 책을 소개해 주시나요?

A : 제주도는 조선시대 유배지였어요. 많은 사람이 유배로 제주로 왔지요. 지난주 소개해 드린 정난주도 그런 인물이었고요. 광해군도 제주도에 유배해 와서 여기서 생을 마감했죠. 오늘은 제주도에 유배해 온 분 중 아주 유명한 인물로 많은 분이 알고 있는 추사 김정희에 관한 책을 소개해 드리려고 해요. 한승원 작가가 쓴 『추사』라는 책입니다.

Q : 김정희는 추사체로 유명하다는 것은 누구나 아는 사실인데 그가 제주도에 유배되었군요.

A : 네, 우선 추사 김정희를 간략하게 소개해 드릴게요. 김정희는

1786년 정조 10년에 충남 예산에서 김노경의 장남으로 태어났어요. 김정희는 요즘 말로 황금 수저 집안에서 태어났어요. 증조 외할아버지가 영조 임금이었거든요. 조부 김한신이 영조의 딸 화순옹주와 결혼했고, 영조는 월성위궁이라는 집을 궁궐 옆에 하사했어요. 아버지 김노경은 병조판서, 즉 국방부 차관을 했어요.

Q : 태어나보니 금수저 집안이었군요. 아버지가 고위직이고, 할아버지는 왕의 사위였고요.

A : 그리고 학자의 집안에서 태어나서 그런지 어릴 때부터 학문이 뛰어났고, 글씨도 잘 썼다고 해요. 8살 때는 집 대문에 입춘대길이라는 글을 썼는데 초정 박제가가 지나가다 글씨에 감동하여 들어와서 칭찬했다고 해요. 이후 24살에 아버지를 따라 청나라 연경에 가게 되었는데 당대 학문의 대가인 완원, 옹방강 선생 등과 교우했다고 해요. 이어 순조 19년에 대과에 급제하여 암행어사가 되어 지방 순찰을 했어요.

Q : 추사에 대해서 단순히 글씨를 잘 쓰신 분, 자기만의 서체를 이루신 분이라고만 알고 있었는데 학문에도 아주 뛰어난 분이셨군요.

A : 그렇습니다. 조선시대에는 글씨와 글이 하나였다고 봐야 하죠. 학문에 뛰어난 분이 글씨도 잘 썼고요. 또 소위 그림도 잘 그렸죠. 추사는 박제가의 제자가 되어 고증학, 실학 등에 눈을 뜨는데요. 한

승원 선생님이 묘사한 박제가와 대화 한 부분을 들려 드릴게요.

추사는 뜻밖에 '천주경과 '천주실의를 대하게 되었고, 호기심 어린 눈으로 그것을 단숨에 읽었다. 그 '천주경'은 박제가가 가지고 와서 월성위궁 추사의 글방 윗목에 놓아둔 것이었다. "이 책 속에 들어있는 '천주'라는 존재가 요즘 세상을 뒤숭숭하게 하는 까닭을 저는 이해할 수 없습니다."하고 추사는 박제가에게 말했다. "이것을 그새 읽어버렸습니까? 한 대신이 한번 읽어봐야겠다고 해서 가져왔다가 미처 전해드리지 못하고 있는 것인데 … 그래 읽어보니 어떠하던가요?" "제가 읽어 알고 있는 성인의 하늘과 '천주경'이 말하고 있는 하늘은 엄연히 다른데, 한사코 같다고 우기고 있습니다. 그렇게 우기고 있는 것은 다름 아닌 중국에 와서 포교 활동을 하는 푸른 눈의 신부, 이마두(마테오 리치)와 방적아(판토하)입니다. '천주경'에서는 천주가 이 세상의 삼라만상을 창조해서 존재하게 되었다고 하는데, 성인은 하늘이 스스로 자기의 뜻에 따라 천지 만물로 하여금 자생하게 한 것이라고 했습니다. 가령, '천자문'의 '천지현황'天地玄黃에서 황黃자는 스스로 생겨 솟아 나온다는 뜻이지 않습니까?" … 박제가는 감히 추사가 말하는 천주의 하늘과 성인의 하늘에 대한 옳고 그름에 대하여 말할 엄두를 내지 못했다.

(p113. 6줄~p114.7줄)

Q : 어린 추사가 어떤 책이든지 읽고 이해하는 속도가 빨랐다는 뜻이군요. 스승도 감탄할 정도로 대단한 젊은이였네요.

A : 박제가는 당시 역관으로 청나라를 드나들었어요. 특히 당대 청나라의 대학자였던 옹방강에게 일찍이 추사에 대해서 칭찬했어요. 추사가 24살에 아버지를 따라 청나라 연경에 가게 되었는데 그때의 일을 한승원은 이렇게 기록하고 있습니다.

옹방강은 추사를 대하자마자 눈을 내리깐 채 "해동 조선의 젊은 양반! 이 석묵서루, 사실은 길을 잃은 중국의 한 늙은이가 갇힌 채 나아갈 문을 찾지 못하고 헤매는 곳인데 혹시 잘못 들은 것이 아니시오?"하고 필담으로써 이렇게 힐난하듯 물었다. 추사는 안내하는 이심암이 가져다 보이는 필담을 보자 스승 박제가가 한 말이 떠올랐다. '어떤 일을 성취하려 하는 자는 그 일에 싸움을 걸듯이 바싹 다가서서 해내야 한다.' 추사는 이를 지그시 물고 붓을 들고 써 내렸다. "돌아가신 초정 박제가 선생이 말씀하시기를, 나 김정희의 길은, 반드시 담계 옹방강 선생의 석묵서루에 쌓여 있는 수만 권의 경전 한가운데를 관통해야만 더욱 크고 평탄하게 열릴 것이라고 해서 찾아왔습니다." 옹방강은 추사가 쓴 필담을 읽고 허공을 향해 "어허허허허 … "하고 웃고 나서 그의 두 손을 모아 잡고 흔들면서 "좋습니다. 좋습니다."하고 말했다.(p131. 20줄~p132. 6줄)

옹방강은 당시 여든의 나이였는데 추사의 기개를 보고 감탄했고 자기 서재의 책을 마음껏 보도록 내어 주었어요.

Q : 천재는 천재를 알아본다고 청의 대가였던 옹방강 선생이 추사를 알아보고 이런저런 편의를 봐준 것이군요.

A : 그렇습니다. 추사는 옹방강 선생에게서 금석학과 고증학을 배우게 되었고, 또 한 명의 대가인 완원 선생을 만나 학문을 하는 자세에 대해서 배우게 됩니다.

성인의 도는 비유한다면 둘러싸인 담이고, 문자와 훈고는 대문 앞에 있는 골목길입니다. 대문 앞의 그 길을 잘못 들게 되면 한 발만 내디딜지라도 엉뚱한 다른 곳으로 가게 되는데, 어떻게 마루를 통해 방으로 들어갈 수 있겠습니까? 공부하는 사람이 도를 구하는 일은 몹시 높은 곳에 있는데 문장 한 구절 한 구절을 가벼이 낮게 보는 것은 비유하자면 하늘로 날아다니다가 큰 집 위를 그냥 지나쳐 가버리는 것과 같은 것과 같습니다." 완원은 경전 공부는 반드시 사실에 따라 진리로 나아가야 하고, 사실을 바탕으로 정밀하고 상세하게 풀이해야 함을 강조했다 … 추사는 끓어오르는 감개를 억누를 길이 없었다. 완원에게 고개 깊이 숙여 절하고 나서 말했다."이제부터 저는 감히 저의 새로운 호에 운대 완원 선생의 성씨 '완'을 사용하여 '완당'으로 하고 싶은데 허락해 주시겠습니까?" 완원은 만면에 웃음을 담고 추사의 두 손을 모아 잡아 흔들면서 말했다. "좋습니다. 좋습니다. 해동의 영명한 김정희가 저의 성씨를 넣은 완당이라는 호를 쓰겠다니, 저로서는 영광입니다."(p139. 1~21줄)

추사는 완원 선생에게 학문하는 진정한 길을 배우게 된 것인데요. 겉멋만 잔뜩 들어서 공자 왈 맹자 왈 할 것이 아니라, 글 하나하나를 깊이 생각하고 이치를 깨달아야 한다는 것이었죠. 그래서 김정희는 자신의 호를 '완당'이라 지었어요.

Q : 김정희로서는 대단한 특권을 누린 것이네요. 중국의 대가 옹방강과 완원이라는 분들에게 인정받은 것이잖아요.

A : 그렇죠. 이런 것이 좀 부러워요. 제 친구 목사 한 명은 미국 시카고에 있는 트리니티 대학원에서 공부했는데요, 제가 정말 부러웠던 것은 저는 책으로만 읽었을 뿐인데 그 친구는 그 책의 저자에게서 직접 강의를 듣고 배운 것이었죠. 아무튼 책 내용을 조금 더 알려 드릴게요.

돌아오는 길에 생부 김노경이 "무엇을 얻어 가느냐?"하고 물었고 추사는 "또 하나의 세상을 풀었습니다. 모두가 아버님의 은혜이옵니다."하고 대답했다. 김노경이 꾸짖듯 말했다. "아니다. 잘못이다. 성은이라고 말해야 한다." "네, 아버님!"(p141. 3~8줄)

이 대목은 어떤 사건을 암시하는 복선입니다. 추사가 과거에 급제하고 암행어사도 하고, 나중에는 병조판서와 규장각 대사성을 맡는데요. 추사가 활동하던 시대가 순조와 철종 시대인데 당파 싸움으로 조정이 시끄럽던 시대였어요. 결국 어떤 사건 때문에 추사는 대역죄인으로 몰렸고 결국 제주도로 유배를 오게 되었던 거죠.

Q : 당파 싸움, 죽고 죽이는 이상한 정쟁의 시대, 상대방의 흠을 하나라도 잡으면 끝까지 물고 늘어지면서 내려앉히려는 것은 조선시대뿐 아니라 오늘날 대한민국도 그런 것 같아요. 추사가 어떤 잘못을 했길래 유배를 오게 되었나요?

A : 추사는 1826년 순조 26년 그의 나이 41세에 충청우도 암행어사로 임명을 받습니다. 임금은 김정희에게 삼정 문란을 바로 잡으라는 명령을 내렸고, 김정희는 전라우도 암행어사 전력이 있는 친구 권돈인에게 조언을 구합니다. 삼정이란 전정, 군정, 환정에 대한 것으로 전정은 한양에 있던 벼슬아치들이 지방으로 가서 아전들을 시켜 각종 토지세를 부당하게 거둬들이는 것이고, 군정은 어린아이, 죽고 없는 사람에게도 국방의 의무를 지어 세금으로 거둬들이는 것, 환정은 봄에 굶주리는 백성에게 식량을 꾸어주었다가 가을에 두 세배로 거둬들이는 것이었어요. 김정희는 감사, 현감, 군수 등

12명의 탐관오리를 적발하여 보고하였는데 그중에 서춘군 현감 김우명이 있었어요. 김우명의 비리를 보고하여 봉고파직 하게 했지요. 그런데 훗날 김우명이 안동 김씨 가문의 김조순과 결탁하여 김정희의 꼬투리를 잡아 결국 제주도로 유배를 보내게 되죠. 그때가 1840년 그의 나이 55세였습니다.

Q : 김정희가 유배되어 제주도로 오게 되었고 제주도와의 인연이 시작된 것이군요.

A : 그렇습니다. 유배 생활 중 김정희는 '세한도'라는 걸작을 남겼고, 대정향교에 '의문당', 김만덕의 덕을 기린 '은광연세'라는 현판 글도 썼어요. 이제 김정희의 제주 유배 생활과 작품 활동을 알려 드릴게요.

김정희는 1841년에 제주도로 유배해 왔는데요. 당시 가장 중죄인에게 처했던 형벌인 위리안치라는 형을 당했어요. 일종의 가택연금으로 집 밖을 나가지 못하는 것이었죠. 추사는 강도순이라는 사람의 집 한 칸에서 유배 생활을 해야 했죠. 한양에서 월성위궁에서 살던 추사가 제주도라는 낯선 곳에서 살기는 여간 힘든 것이 아니었는데요. 작가의 묘사를 읽어 드릴게요.

제주도에서 살아 배기기는 한순간 한순간이 싸움이었다. 그 땅에 존재하는 모든 것이 한양에서 유배되어 온 그를 공격해 왔고, 중 늙은이인 그의 몸과 마음은 공격해 오는 그것들을 물리치기 위해 치열하게 싸워야만 했다. 기침하고 으슬으슬 춥고 무력증이 일어나는

데다 혓바닥의 종기와 살갗의 부스럼에 시달리는 그를 지네들이 한밤중에 공격했고, 파리, 모기, 빈대, 벼룩, 이들이 물어뜯었다. 지네에게 물린 자리는 바늘로 찌르는 것처럼 아프면서 빨갛게 붓고 벌레에게 뜯긴 자리는 가려웠고, 잠결에 긁어놓으면 덧이 나 헐었고 옴과 부스럼이 되어 번졌다.(하 p22. 3~12줄)

Q : 제주도가 은근히 춥거든요. 추위와 싸워야 했군요. 게다가 지네 때문에 고생했네요. 『하쿠다 사진관』에서 주인공 제비도 지네 때문에 고생했었잖아요.

A : 추사가 제주도 유배 생활을 힘겹게 하고 있을 때 그가 유배해 왔다는 소식들이 퍼져 나갔어요. 그의 명성이 워낙 조선 팔도에 유명했으니까요. 그래서 제주도에 사는 양반들이 추사를 만나러 많이 왔고 무엇보다 그에게 글을 청했다고 해요.

많은 사람들이 그의 글씨를 가지고 싶어 했다. 제주목사는 물론 대정현감, 정의현감, 수사들이 줄줄이 종이와 먹을 구해다가 주고 곡식 자루를 들어다 주면서 글씨를 달라고 했다. 그들은 그의 글씨를 육지로의 영전을 위해 조정의 대신들에게 올리곤 했고 가보로 간직하려 했다.(하 p23. 8~11줄)

Q : 그나마 불행 중 다행이네요. 사람들이 찾아오기도 하고, 먹거리도 가져다주고 했으니까요.

A : 제주도 사람들도 글씨 하나 얻으려 찾아왔고 추사의 제자들과 지인들도 먼 거리를 아랑곳하지 않고 찾아왔어요. 초의 선사, 소치

허련 등이 찾아왔고, 가장 많이 찾아온 사람은 제자였던 이상적이었어요. 이상적은 추사의 제자로서 당시 역관이었는데 청에 다니러 가면 꼭 새로 나온 책을 사다가 제주도에 있는 추사에게 보내주곤 했거든요. 추사는 이런 애틋한 제자의 정과 의리를 기리고 싶어서 그림과 글을 썼는데 그것이 그 유명한 '세한도'인 거죠.

이상적이 보낸 책들을 뒤적거리기도 하고 붓의 털들을 쓸어보기도 하고 먹의 향기를 맡아보기도 했다. 그래, 나 이 겨울 한파 속에서 그대들의 온정이 있어 이렇게 살아가고 있다. 뜨거운 감회를 주체할 수 없어 하늘로 얼굴을 쳐들고 심호흡했다. 이상적에게 무엇으로 보은을 할까. 시방 나의 형편으로는 난을 쳐주거나 그림을 그려 보은하는 수밖에 없다. 설 전후의 추위를 견디고 있는 난이나 소나무를 통해 내 마음 내 처지를 형상화시켜 주자 … 추사는 문득 겨울 한파와 적막과 칩잠 속에서 다사로운 몸피를 둥그렇게 키우고 있는 우주의 시원을 형상화시켜 보고 싶은 충동이 일었다. 그림 한 폭이 머리에 그려졌다.(하 p125, 1~8 , 18~20줄)

Q : 아 그래서 제자 이상적에게 고마움을 표하기 위해 그린 그림이 그 유명한 세한도의 탄생 배경이군요.

A : 세한이라는 말은 논어에 나오는 구절인데요. '세한연후 지송백지후조'歲寒然後 知松柏之後凋라고 해서, 차고 추운 겨울이 지난 후에 소나무 측백나무의 푸르름을 안다는 것이죠. 힘들고 어려운 때를 겪어 보아야 진짜 우정, 진짜 의리를 알 수 있다는 마음을 담은 것이죠. 세한도는 추사가 살았던 작은 집을 그리고 그 옆에 소나무, 측백나무를 그려 넣었어요. 자신의 처지와 제자의 사랑을 표현한 것이죠.

Q : 결국 제주 유배라는 극한 상황 속에서 김정희의 진정한 가치가 발현된 것으로 보아야 하겠군요.

A : 맞습니다. 제주 유배 전에도 추사는 뛰어난 학자이자 정치가였으나 유배 생활을 통해 어떤 초월의 경지에 이른 것이죠. 그런 마음을 표현한 구절을 읽어 드릴게요.

이제 그는 마음을 비우기로 작정했다. 안동 김씨 일파들이 구축하고 있는 세도의 성을 한갓 개미의 성으로 치부하고, 관직을 멀리한 채 시 짓고, 글씨 쓰고, 난 치고, 그림 그리고, 책 읽으며 남은 삶을 조용히 누릴 참이었다. 모든 탐욕 벗어놓고 전설 속의 새처럼 세상을 초탈하여 하늘의 이치를 따라 구름 위에 노닐고 싶었다.(하 p147. 10~14,)

또한 추사는 자신의 집 옆에 피어있던 수선화를 좋아했다고 하는데요.

수선화 한 꽃들만으로 세상이 가득 차 있어서는 안 된다. 이 세상은 벚꽃도, 배꽃도, 진달래꽃도, 철쭉꽃도, 호박꽃도, 민들레꽃도, 매화꽃도, 살구꽃, 복숭아꽃도 더불어 어우러지는 원융 세상이어야 한다.(하 p147. 18~21줄)

Q : 서로 싸우고 치받고 하는 세상이 아니라 각종 꽃이 조화롭게 펴서 정원을 이루듯이 세상도 그래야 한다는 것을 진정으로 깨달았군요.

A : 추사는 1849년에 드디어 해배가 되어 고향으로 돌아가게 되는데요. 돌아가는 길에 있었던 에피소드 하나를 읽어 드릴게요. 추사

의 글씨가 워낙 유명하고 소문이 나다보니 소위 가짜 추사가 기승을 부렸는데요.

방문을 열고 나가려던 추사는 가슴이 쓰라렸다. 이날 밤 삿갓 쓴 추사 김정희라는 사람이 이곳저곳 사람들에게 맞아 죽을지도 모른다는 생각이 들었다. 돌아서서 사람들에게 말했다. "이 사람을 욕하지 말고 가난을 욕하시오. 그리고 이 사람 글씨는 비록 내 글씨를 흉내 내고 있기는 하지만 아주 잘 쓴 명필임에 틀림없소이다." … 후세 대대로 가짜 추사 글씨들이 많이 나타날 것이다. 그렇지만 내 글씨에는 그 누구도 흉내 낼 수 없는 향기와 무늬와 결과 혼이 담겨 있다. 짙푸른 심연에서 조개가 키워내는 무지개 빛살 무늬의 진주처럼, 식은 화산의 용암 동굴 속에서 떨어지는 물방울들이 만드는 형상들처럼 나의 괴이함과 기굴함과 고졸함은 태어나고 자라는 것이다. 내 글씨는 신화 속의 붕새가 태허의 병풍바위에 찍어놓은 발자국들인 것이다.

(하 p176. 11~16줄, p178. 19줄, p179. 6줄)

우선 가짜 추사를 너그러이 대하는 진짜 추사의 마음을 읽을 수 있고, 또 하나는 가짜들이 모방할 수 없는 자신만의 글씨체를 완성해야겠다는 의지를 볼 수 있죠.

Q : 아마 이런 이유 때문에라도 그 유명한 추사만의 글씨인 추사체가 완성된 것 같아요.

A : 네. 유배가 풀리고 한양으로 복귀한 추사는 약 2년 뒤에 다시 함경도 북청으로 유배를 가게 되는데요. 추사라는 존재 자체를 위협으로 느낀 안동 김씨 일파가 끈질기게 추사를 괴롭혔어요.

신관호는 태연했다. "안동 김씨들 때문에 이 나라는 망할 것입니다. 옛날 월성위궁을 빼앗은 김좌근의 나합이란 첩이 국정을 농단하고 있습니다. 공조판서 병조판서 이조판서를 두루 역임한 김좌근과 대왕대비 사이를 오가면서 높고 낮은 모든 벼슬을 팔고 다음 임금 될 사람을 고르고 지방관들은 밑천을 뽑느라고 백성들의 기름을 짜고 ··· 그렇게 기울어지는 나라를 구하려면 북학파이신 대감, 권돈인, 신위, 조인영 같은 큰 인물들이 맨 꼭대기에서 정사를 이끌어 가야 한다는 것을 제가 임금께 은밀하게 속삭여 말씀해 드리곤 했는데 ···." 추사는 황급히 손사래를 치며 단호하게 말했다. "아닐세, 나는 제발, 멀리멀리 벗어나고 싶네. 그 어디에서도 나를 거론하지 말게나." 신관호가 말했다. "대감께서 멀리 벗어나고 싶다고 하여 벗어날 수 있는 운명이 아니옵니다. 안동 김씨 일파들은 대감께 딴죽을 걸려고 들면 얼마든지 걸 수 있습니다. 한 사람이 대감께서 젊은 시절에 찬술하신 책에 대한 이야기를 했사옵니다. 전국 방방곡곡으로 비석들을 탐사하러 다닌 다음 찬술하신 책 말이옵니다." 추사는 정수리가 찡 아파오는 것을 느끼며 "그게 어쨌다는 것이야?"하고 물었다. "그렇게 전국을 쓸고 다닌 것은 이 나라 땅덩어리를 도모하려는 저의가 있어서라는 것이옵니다."(하 p196. 7줄~p197. 8줄)

Q : 역사라는 것이 참 알다가도 모르겠어요. 그때나 지금이나 비슷한 형국인 것 같기도 하고요.

A : 당파싸움과 국정농단으로 인해 추사라는 거인은 결국 노년을 과천의 초가에서 보내다 쓸쓸히 생을 마감하게 되는데요. 추사의 마지막을 한승원 작가는 이렇게 적고 있어요.

추사는 일순간 혼침에서 깨어나, 둘러앉아 있는 초생과 상우와 상무와 그들의 처와 소치 허유를 차례로 바라보았다. 가장 좋은 반찬은 두부에, 오이에 생강 넣은 나물이고 가장 지고지순한 모임은 남편과 아내 아들딸 손자 이는 촌 늙은이의 제일가는 즐거움이다. 비록 허리춤에 말만큼 큰 황금도장을 차고, 밥상 앞에 시첩 수백 명을 거느리고 있다 하더라도 능히 이런 쾌미를 누릴 수 있는 사람이 몇이나 될까.(하 p265, 1~4줄)

결국 인생이란 사랑하는 가족과 단출한 식탁에 앉아 두런두런 살아가는 것이다. 오늘 이 위대한 진리를 깨달았으면 좋겠어요.

하쿠다 사진관

허태연 ‖ 놀 ‖ 2022년

Q : 오늘은 어떤 책을 소개해 주실 것인가요?

A : 오늘도 제주도에 관한 책인데요. 허태연의 소설 『하쿠다 사진관』입니다. 제목이 하쿠다 사진관이라고 해서 일본말이라 생각하시는 분이 있는데, 하쿠다는 '하겠다'라는 제주어입니다. 제비라는 아가씨가 제주 여행 중 핸드폰을 바다에 빠트려서 비행기를 놓치고 자포자기하다 우연히 들린 하쿠다 사진관과 그 사진관 주인 노총각 석영 사이에서 일어나는 에피소드를 그린 소설입니다.

Q : 제주도를 배경으로 하는 소설이군요. 제주도의 이야기가 나오니까 제주어도 제법 나올 것 같은데요.

A : 네 맞습니다. 그럼, 이 소설을 읽기 위한 제주어 몇 가지 배워볼

까요? 우선 이 소설의 주 무대가 물꾸럭 마을인데요. '물꾸럭'은 제주어로 문어입니다. '폭삭 속았수다'는 '수고 많았습니다.'라는 뜻이고요. '궨당'이라는 용어가 자주 등장하거든요. 이 소설의 핵심 단어이기도 하구요. 강희경 피디님이 '궨당'이 무엇인지 설명해 주시죠?

Q : '궨당'은 제주도에서 집안, 가문을 뜻해요. 고씨 집안, 양씨 집안 등을 의미합니다.

A : 자, 소설 이야기를 들어가 보면요. 제비라는 아가씨가 하쿠다 사진관이 마음에 들어서 단기적으로 아르바이트를 하기로 해요. 석영은 사진은 잘 찍는데 좀 고지식하거든요. 그래서 제비가 이렇게 말하죠. "사장님은 예술을 하고, 저는 상술하고요." 제비는 석영이 찍은 사진을 인스타 등 SNS에 올리기도 하고, 예술 사진을 고집하는 석영을 설득해서 콘셉트 사진도 찍으면서 관광객 위주로 사진관을 운영하려고 해요.

Q : 오~ 석영의 입장에서는 제비가 참 반가운 존재이겠어요. 제비 덕분에 사진관이 북적이고 수입도 증가할 것 같은데요.

A : 맞습니다. 사진만 찍는 것이 아니라, 사진관 2층이 전망이 좋아서 컨셉 파티도 열고 이런저런 아이템으로 사진관이 북적이게 되지요. 여기서 소설가가 주인공의 이름을 제비라고 지은 이유를 아시

겠죠?

Q : 설마 그 흥부전에 등장하는 제비인가요?

A : 맞습니다. 제비는 일종의 은유죠. 우선 잠시 왔다 가는 존재라는 뜻이고, 두 번째는 자신을 도와준 석영에게 보물 같은 존재이죠. 제비가 물어다 준 박씨 때문에 흥부가 잘 살게 된 것처럼 석영의 사진관이 북적였고 수입도 상당히 증가했으니까요.

Q : 석영에게 제비는 참 고마운 존재네요?

A : 그렇습니다. 영국의 정치학자 이언 골딘은 『앞으로 100년』이라는 책에서 현대를 '이주의 시대'로 정의했어요. 크고 넓게 보면 유럽의 인구들이 아메리카로 이주한 것이고, 작은 개념에서 보면 공부 때문에, 일자리를 찾아서, 정치적 이유로 이주하기도 하지요. 그런데 이언 골딘이 세밀하게 조사한 바에 의하면 이주민들의 유입이 그 사회에 상당한 발전과 공헌을 한 것으로 나와요. 새로운 문화와 지식이 접촉되면서 창의적인 생각이 많이 나왔죠. 대표적인 예가 캘리포니아의 실리콘 밸리이지요. 하쿠다 사진관에는 제비가 석영에게 그런 존재이고요.

Q : 아~ 어쩌면 제주도 토박이와 잠시 머물러 온 사람 사이에서 일어나는 협동, 시너지 효과 등을 소설가는 묘사하려고 했던 것이네요.

A : 그렇습니다. 소설에 등장하는 또 한 명의 인물이 있는데 양희라는 캐릭터죠. 양희는 제주도 출생인데 육지로 결혼하러 갔다가 사별하고 아들과 함께 제주도로 귀향해서 살고 있어요. 그런데 하쿠다 사진관을 운영하는 석영이 양희에게 마음이 있는 거죠. 석영도 실은 외부인이었고 제법 오랫동안 살았지만, 제주도 사람으로 인정을 못 받았어요. 그래서 석영은 양희랑 결혼을 해서 제주도 사회로 유입되려 했던 것이지요. 소위 괸당이 되려고 했던 거죠.

Q : 맞습니다. 제주도에서는 우선 결혼 관계가 되어야 집안 사람으로 받아줍니다. 석영이 제주도에 뿌리내리고 싶었던 것이군요.

A : 그러다 석영은 자신의 사진에 영향을 미친 스테판 거츠를 통해 마음을 바로잡죠. 괸당이 되기 위해 양희와 결혼하는 것이 아니라, 양희를 진심으로 사랑하고 있는지 자신의 마음을 점검합니다. 그러고는 이렇게 말하죠.

"나는 … 양희 씨 만의 괸당이 되고 싶어요." 양희도 이렇게 말합니다. "진심은 표준어로도 통해. 외지 사람 서투른 사투리, 나 아주 싫어."(p277. 8~9줄)

Q : "양희 씨 만의 괸당이 되고 싶어요." 오글거리는 멘트인데요. 왠지 목사님께 어울리는 말 같아요.

A : 에헤이. 사람 잘 못 보셨어요. 하긴 제가 한창 데이트할 때 이런 말을 한 적은 있어요. 어디 식당에 갔는데 제가 한 번 만에 주차를

딱 했거든요. 그랬더니 은경씨가 "주차를 참 잘하시네요." 하는 거예요. 그래서 제가 말했죠. "은경 씨 마음에 영원히 주차하고 싶어요."

Q : 악~~ 한술 더 뜨시네요.

A : 암튼 소설에서 말하고 싶은 것은 석영의 태도 변화에요. 외부인이 섬에 와서 무언가 이용하기 위해 관계를 맺는 것이 아니라, 진솔한 관계 맺음이 우선될 때 마음이 열린다는 것을 암시하죠. 상술이 아니라 상생을 말하고 있지요. 소설에 등장하는 또 다른 한 명은 대학에서 지질학을 가르치는 교수로 등장해요. 하쿠다 사진관 앞의 바닷가 지질을 연구하죠.

"제주 일대는 언제든 다시 폭발할 수 있어요. 한라산은 활화산이니까. 천 년 동안 쉬긴 했지만, 지구 입장에서 그건 하품하는 정도로 짧은 시간이죠. 지구의 관점에서 우리는 하루살이랑 비슷해요."(p245, 17~20줄)라고 말하죠.

Q : 지질학자 교수님의 말에 중요한 의미가 들어 있는 것 같아요.

A : 한 마디로 제주도의 진짜 권당은 한라산이라는 거죠. 자연이 진짜 주인이다 이런 이야기죠. 우리 인간도 어디선가 이주해 들어온 존재인 것은 마찬가지다. 조금 일찍 정착했고 늦게 정착했다는 차이뿐이라는 말을 하고 싶었던 것이죠. 『팡세』로 유명한 파스칼이 이런 말을 했는데요.

"우주의 시선에서 보면 에베레스트 산이나 동네 뒷동산이나 별 차이가 없다." 지질학자의 말도 같은 의미죠. 천년이란 시간 속에서 보면 몇십 년이 무슨 의미가 있겠어요.

Q : 『하쿠다 사진관』이라는 소설이 참 의미하는 것이 많고 깊네요. 제주도의 오랜 관행을 말하면서도 상생을 이야기하는 것 같아요.

A : 다시 주인공 제비로 가보면요. 제비는 사진관 아르바이트를 하면서 오래 제주도에 머물고 싶어서 목포 할망 집에 방 한 칸을 빌려 하숙해요. 그런데 이 집에는 지네가 한 번씩 출몰해요.

수요일 오전, 제비는 늦잠을 자다 이상한 기척에 눈을 떴다. 가늘고 차가운 뭔가가 콧등에 툭 떨어졌다. 몸을 일으켜 보니 두툼한 이불 위에서 붉은 지네가 발버둥 치고 있었다 … 넓적한 청 테이프를 쥐고 천장과 방구석을 샅샅이 훑어봤다. 창가 옆모서리에 자그만 구멍이 뚫려 있었다. "여기를 막으면 저기서 나오고, 저기를 막으면 딴 데서 나오고, 참 대단하다. 놀라운 행동력이야." 청 테이프를 찢어 제비는 구멍을 일단 막았다. 퍼티와 스크레이퍼로 메꾸는 작업은 아침을 먹고 할 생각이었다.(p357, 2~11줄)

여기 이 장면이 중요한데, 제비는 급한 마음으로 청 테이프로 막지만, 퍼티와 스크레이퍼로 메꾸는 작업은 하지 않은 것, 잠시 미뤄놓은 것, 벽은 단절인데 그 틈으로 들어오는 지네는 관계의 가능성이거든요. 그렇게 조금씩 마음의 문을 열어놓으면 된다는 것을 상징하죠.

Q : 하쿠다 사진관을 중심으로 주인공들이 제주도를 점점 이해하고 그 일원이 되어가는 과정을 그린 소설 『하쿠다 사진관』인데요 마지막으로 정리해 주시면요.

A : 제주도는 어쨌든 괸당이라는 전통이 있고, 그 전통은 오랜 외세의 침략에서 생존하기 위한 몸부림이었다고 생각해요. 하지만 이제 글로벌 시대니까 조금 마음을 열어도 좋겠다고 생각하는 거죠. 이 땅에 유배해 온 많은 사람, 그중에 김정희는 제주도 청년들에게 글을 전수했고, 오현이라 불리는 육지의 학자들이 제주에 와서 후학 양성에 큰 공을 세웠잖아요. 이제는 열린 괸당의 시대가 필요하다, 이주민과 토박이들이 마음을 하나로 모아 상생하고 연대하는 아름다운 평화의 섬이 되면 좋겠다고 마음을 담아봅니다.